LE CARTULAIRE

DE

N.-D. DE CHALLANS

LE CARTULAIRE

DE

N.-D. DE CHALLANS

(VENDÉE)

1396-1789

Par l'Abbé TEILLET

Curé d'Antigny.

(Extrait de la Revue historique de l'Ouest)

VANNES

LIBRAIRIE LAFOLYE

1895

LE CARTULAIRE

DE

NOTRE-DAME DE CHALLANS*

(VENDÉE)

1396 — 1789

I. — 1396

Précis d'un acte d'arrentement fait le 1ᵉʳ juillet 1396 par Jean Marchès à Jean Pret, de deux boisselées de terre, moyennant la rente d'un boisseau de froment (pour une fondation pieuse).

Sçachent tous presents et avenir que en la cour du Scel jadis establi ès contrats à Saint-Gilles-sur-Vie, pour tres noble et puissante dame Madame Prenelle, vicomtesse de Thouars, en la présence de Jean Bloys, clerc juré, notaire et passeur de la cour du dit Scel, personnellement establi, Jean Marchès, d'une part et Jean Pret, d'autre part ; lesquels font, passent, passèrent et accordèrent les choses cy-dessous contenües par la forme et manière qui sousuit, est ascavoir que ledit Jean Marchès consent et confesse

---

* Le Cartulaire de Notre-Dame de Challans se compose de 135 pièces authentiques qui sont datées, la première de 1396 et la dernière de 1748. Malheureusement nous n'avons pas les originaux de la plupart de ces actes qui ont été transcrits au siècle dernier, sur un registre spécial. C'est sur ce registre que nous avons pris la présente copie, et nous y avons remarqué un grand nombre d'inexactitudes que nous n'avons pas toujours pu corriger, faute d'avoir l'original sous les yeux.

Pour ce motif, nous réclamons l'indulgence des lecteurs.

avoir baillé et affermé perpétuaument tant pour lui que pour les ajens audit
Jean Pret, présent, prenant et acceptant ladite affermation tant pour lui que
pour ses hoirs et successeurs et pour ceux qui de lui auront cause perpétuelle,
deux boisselées de terre avec leurs appartenances et payant la dixme, assises
en fief au prieur de Challans, joignant d'une part les terres dudit Pret, et
d'autre part le chemin par lequel l'on vat de la Juisière au marchès dudit
prieur de Challans, sçavoir tenir, user, louer, posséder et exploiter lesdites
deux boisselées de terre avec leurs appartenances dudit Jean Pret et de ses
hoirs et successeurs et de ceux qui de lui auront cause perpétuellement,
pour le prix d'un boisseau de froment, mesure de Challans, en perpétuelle
rente rendue et payée dudit Pret et de ceux qui de lui auront cause perpétuelle audit Jean Marchès et à ceux qui de lui auront cause, par chacun an
en sa maison de Challans, en chacune feste de la Nativité de notre dame
Vierge et en céda et transporta ledit Marchès audit Pret tous droits, noms
raisons, saisines et possessions, actions, pétitions et demandes quel con-
quert.

Le premier jour du mois de juillet 1396.

Signé : BLOYS.

II. — 1399.

*Précis d'un acte du 25 août 1399, par lequel il est dû à
l'église trente sols de rente sur une maison et courtil en ce
bourg de Challans.*

Sçachent tous présents et avenir que en la cour du Scel jadis établi aux
contrats, à Saint-Gilles-sur-Vie, pour tres noble et puissant seigneur, Monseigneur le vicomte de Thouars, pardevant Jean Bloys, clerc juré et notaire
passeur de la cour du dit Sel, personnellement établi en droit, Jean Suyrat,
lequel de son bon grez et de sa bonne volonté cognaut et confessa avoir
baillé, livré et octroyé, cessé et transporté perpétuellement à Simon Suyrat
son fils, la moitié pour indivis d'une maison et courtil avec leurs appartenances, de fonds et ruages et autres appartenances quelconques, assise la
ditte maison et courtil et la ville de Challans, en fief de Monseigneur de
Comquiers, joignant d'une part la maison Colin-Peyraut et d'autre part la
maison et courtil qui fut à feu Jean Rolant, sçavoir tenir, user louer, posséder et exploiter ladite moitié de maison et courtil avec leurs appartenances
quelconques, laquelle maison et courtil est partant du dit Simon, de ses héritiers et successeurs et de ceux qui de lui auront cause dès ores et avant

perpétuellement, paisiblement, franchement et complant, c'est à sçavoir pourquoi le dit Simon acquittait, délivrait et déchargeait le dit Jean et les siens des devoirs, charges et capitations dûs sur la dite maison et courtil et nommément et expressément de la moitié de trente sols de rente dûe pour chacun an au prieur-recteur et fabrice de l'église de Challans, à cause de la ditte maison et pour raison d'icelle, et concessa et transporta perpétuellement le dit Jean au dit Simon tous les droits, noms, raisons, saisines, possessions, actions, pétitions et demandes quelconques qu'il avait, avoir, pouvait et devait en la ditte moitié de maison et courtil, pour quelque cause ou raison que ce fut ou parut être et l'en constitue et établit vrai seigneur, propriétaire, possesseur et pour comme de sa propre chose user vraiment et de fait.

Le 25e jour d'aoust 1399.

Signé . BLOYS.

III. — 1407.

Précis d'un acte du 10 juillet 1407, par lequel il est dû à la cure de ce lieu un boisseau de froment et à l'église un demi terseau, sur le village et tènement de la Grenonière.

Sçachent tous présents et advenir qu'en la cour du Scel établi aux contrats à Saint-Gilles-sur-Vie, pour très noble et puissant seigneur Monseigneur d'Amboyse, vicomte de Thouars, en droit présents et personnellement établis Jean Bachelier l'ainé, et Jean Bachelier le jeune, frères germains, demeurants aux Vilates à présent, lesquels non contraints, non déceus, non circonvenus, mais de leur bonne volonté et appensement, connurent et confessèrent avoir baillé et octroyé et encore baillent et octroyent, cèdent ttransportent aux Grenons, frères germains, demeurans à la Grenonière, pour eux, leurs héritiers et successeurs et ceux qui d'eux auront cause, tous et chacuns les héritages et biens immeubles que les dits Bacheliers ont et avoir peuvent et doivent en tout la tenour, village et tennement de la Grenonière et en tout le fié Gaschard et généralement tous et chacuns les droits, biens et choses qu'ils ont et avoir peuvent audit village et fié Gaschard, à cause et pour raison de feu Jean Bachelier leur père, prend par indivis les héritages et choses deschues de feu Estienne Bachelier, pour en ce que les dits Grenons et ceux qui d'eux auront cause, rendront et payeront dès ores en avant un trulleau d'avoine, mesure de Garnache au (seigneur) du fié Gaschard et quatre deniers d'estonage, chacun an perpétuel, et un boisseau de froment, mesure de Challans, au recteur et curé du dit lieu de

Challans, et un demi terseau de froment, mesure du dit lieu à la fabrice et aux fabriqueurs de l'église du dit lieu de Challans, par chacun an et généralement tous les autres devoirs, charges et capitations dues sur et pour cause des dites choses à eux baillées par les dits Bacheliers. Suivent les dites choses à eux baillées, les maisons, cairuys, cours, airaux, prez, nouës, pâtis, paturaux avec toutes terres cognües et non connües, bois, braudes, agrens et autres choses censées héritages pour yceux user, louer, prendre, posséder et exploiter des frères Grenons et leurs héritiers et successeurs et ceux qui d'eux auront cause.

Le dixième juillet 1407.

Signé : BOESSEIN.

IV. — 1413.

Précis d'un acte du 6 février 1413, par lequel il parait dû 18 sols de rente au bénéfice de saint Eutrope, sur une maison sise dans le bourg, rue de la Basserie.

Sçachent tous présents et avenir qu'en la cour du Scel jadis établi ès contrats à Saint-Gilles-sur-Vie, pour très noble et puissant seigneur, Monseigneur le vicomte de Thouars, par devant Jean Boucherot, clerc juré, notaire passeur de la Cour dudit scel, personnellement établi en droit, Jean Seigneuret, d'une part et Jean Gombert d'autre part, lesquelles parties, de leur bon grez et sans aucun parforcement, connurent et confessèrent avoir fait entre eux les passements et accordances cy-dessous énoncées par la forme et manière qui ensuit. C'est à sçavoir que ledit Jean Seigneuret tant pour lui que pour ceux qui de lui auront cause a baillé, remis et délaissé perpétuellement, en perpétuel héritage, audit Jean Gombert tant pour lui que pour ceux qui de lui auront cause, une maison et un verger contigu à la dite maison, tenant d'un côté la maison et verger des héritiers Louis Oroillont et d'autre côté la maison et ayrau des héritiers feu Butaud et le devant de la dite maison tonche la grande rue de Challans ; ytem, un verger tenant d'un côté le verger à Yves Dubois, d'autre Guillotea et d'un des bouts Guillaume Pelé et payant les dus açaulx et dix-huit sols de rente à messire Jean Laurens, prêtre, ensemblement baillait le dit Seigneuret au dit Gombert, un autre verger touchant d'un côté le verger Guillaume Pelé et d'autre les héritiers Perot Gillet pour les dits açaulx et en outre payant tous autres dus et capitations dus pardessus les dites choses, lesquelles choses maisons, cortils et vergers sont assis ou fié du Monseigneur de Comquiers, sçavoir tenir, user,

posséder et exploiter les dites choses avec leurs fonds et appartenances du dit
Jean Gombert, de ses héritiers et successeurs et de ceux qui lds lui auront
cause, désormais en avant perpétuellement, paisiblement, franchement et
quittement, payant les dus scaulx, charge et capitation et les dix-huit sols
au dit messire Jean Laurens et à ceux qui de lui auront cause en et par la
manière que dit est ; et avec ce faisant et accomplissant le dit Jean Seigneuret
tant pour lui que pour ceux qui de lui auront cause, promet, doit et est tenu
garant garantir de lui et deffendre les dites choses au dit Jean Gombert et ès
siens perpétuellement de tous et contre tous de tous troubles, empêchements, perturbations et aliénations quelconques et en a cessé et transporté
en lui tous les droits de propriété, noms, raisons, actions, pétitions et demandes quelconques, qu'il avait et avoir pouvait et devait ès dites choses
dessus nommées et pour raison d'icelles et ce faisant et accomplissant les
choses dessus dites et ledit Jean Gombert présent, prend et accepte les
choses dessus dites avec leurs fonds et appartenances quelconques, promet,
doit et est tenu tenir quitte et décharger ledit Seigneuret les des charges et
capitations dues à cause et pour raison des dites choses et mêmement des
dits dix-huit sols de rente due au dit messire Jean Laurens.

Le sixième du mois de février 1413.

Signé : BOUCHEROT.

V. — 1413.

*Fondation de la « Chapellanie de Saint-Utrope », et testament
de messire Jehan Lorent en faveur d'ycelle, établie en
l'église de Challans.*

Au nom du Père, et du Fils, et du Saint-Esprit. Amen. Je Jehan Lorent,
prêtre, malade de mon corps, sein en pensées et en bon mémoire par la
grâce de Notre-Seigneur Jésus-Christ, pensant et considérant que nulle
chose n'est plus certaine que la mort et nulle chose plus incertaine que
l'heure d'ycelle, et afin que je ne sois occupé de l'heure d'ycelle, voulant
pourvoir et penser au salut de mon âme, fais et ordonne et devise mon dé-
cret dernier, mon dernier testament ou dernière volonté de mes biens et
choses par la manière qui ensuit ; premièrement je recommande mon âme
ès mains de la Sainte Trinité et de la Benoiste Glorieuse Vierge Marie et de
la Célestiale Compagnie du paradis, et mon corps à l'ensépulture de sainte
église, laquelle ensépulture, moy j'ay élu en cimetière de l'église de Notre-

Dame du Challans, auprès du Billet de la dite église, jouste les lieux en lesquels mes feu frère et amis ont été enterrés ;

Item, je veux et ordonne que mes amandes soient faittes et que les dettes que je dois soient payées par la main de mes exécuteurs, et chacun d'eux où l'un d'eux cy-dessous nommés, à tous complaignants dignes de *foix*, lesqueux complaignants je veux qu'ils soient cru, et chacun d'eux en leur serment, jusqu'à deux sols six deniers monnoye tournois ;

Item, je veux et ordonne que le jour de mon obit soient célébrées, en l'église de Notre-Dame de Challans, cinquante messes en secret et trois messes à notte ordinaire à diacre et sous-diacre et autant le jour de mon septième pour le sallut de mon âme, que l'on pourra finir à chacun des dits jours, tant des chapelains et sy on en pouvait faire de sy grand nombre, je veux et ordonne qu'elles soient parachevées de dire et célébrer dans les jours prochains ensuivants des dits jours de de mon *obitlet* de mon septième ;

Item, je veux et ordonne que dès le jour de mon *obitt* jusqu'à un an en jours ensuivant soit dit et célébré, faire dire et célébrer pour le sallut de mon âme une messe en secret par chacune semaine à tel jour comme devant sera fait *commémoration de moy* ;

Item, je veux et ordonne et au bout et à fin de l'an que l'on fera faire recommandation de moy, soit dit fait dire et célébrer cinquante messes à la dite église pour l'âme de moy et de mes parents et amis et en cas que à cetuy jour l'on pourra faire de sy grand nombre de chapelains et sinon que les dittes messes seraient faittes dire et parachever au jour prochain ensuivant sans intervalles ;

Item, je donne et laisse à Marie Lorence, ma cousine fille de Martin Lorent, un lit de plume garny de coëste et traversant, et une coëte avec sa couverte, c'est asçavoir celuy en quel je couche actuellement, six écuelles, six saulières, deux plats, le tout d'estain, une grande poëlle tenant six seillées d'ève ou environ, une grande arche plate, laquelle est dans la ditte église auprès de la porte du prieuré, pour prier Dieu pour moy et pour l'avancement de son mariage ;

Item, je donne et laisse à Pros Laurent mon cousin, fils du dit Martin, en pitié et aumône, un lit de plume garny de coëte et traversant, deux lynguls, et une couverte à avoir et prendre à son choix de trois ou quatre que j'ay en ma maison, excepté à celuy que j'ay donné à la dite Marie ma cousine, six écuelles, six saulières, deux plats, le tout d'estain, un grand pot de cuivre et une arche tenant vingt boisseaux de bled ou environ, laquelle arche est en ma maison, c'est à sçavoir pour prier Dieu pour moy ;

Item, je donne et lègue au dit Martin Laurent mon cousin germain la moitié d'un moulin à vent, lequel est assis en la Minée auprès de Challans, pour ce qu'il fera au jour de mon trépassement prier Dieu pour moy ;

Item, je donne et laisse à Huguet Chardreau et à Jeannette Lorent, mes chers amis, la moitié d'un moulin à vent, lequel est assis auprès du marais du Périer, (le dit moulin est à Guillaume Barbar) pour prier Dieu pour moy ;

Item, je donne et laisse à Martine Girard, femme de Collas Boissier, une coëte, un traversin de plume, deux linçuls et une couverte ;

Item, je donne et laisse à Catherine Josbert, femme Guillaume Lymonnois, une coëte, un traversin de plume, deux linçuls et une couverte ;

Item, je donne et laisse à ma cousine, la femme de Guillaume Pouillet, vingt-un sols monnoye tournois, un noyau de bled de méture une fois payée ;

Item, je donne et laisse à Jehan Girard mon neveu sept livres dix sols monnoye tournois, lesquels sept livres dix sols le dit Girard me devait et était tenu de me rendre et payer, c'est à sçavoir pour tous crédits et paye-raient aux dits Martin Girard, Catin, Josbert et à la femme du dit Pouillet et à luy et pour cause d'elle et au dit Girard mon neveu, pourraient et devraient avoir à importer et apartenir en tous et chacuns mes biens meubles quelconques, pour le trépassement de moy et à cause d'ycelluy ;

Item, je donne et laisse à messire Mathurin Payret, prêtre, mon petit bréviaire ; pour quoy le dit Mathurin Payret célèbrera une messe dans un an pour moy emprès mon obût, pour l'âme de moy ;

Item, j'ay testateur, fonde et dotte une chapellannie de deux messes la semaine, en l'honneur de saint Utrope en la ditte église de Challans, à la dotation de laquelle chapellannie et au chapelain à présent et à instituer en ycelle chapellannie et ès autres chapelains emprès luy, je baille situé et assis les chouses qui ensuivent ; c'est à sçavoir trente sols en deniers et monnoye tournois de rente que doivent à moy par chacun an en chacune feste de saint Michel, les héritiers de feu Etienne Guilloteau et Gratienne Micheneau sa femme ;

Item, trente sols de rente en deniers et monnoye tournois que me doit par chacun an et chacune feste de saint Michel, Mathurin Dolbeau, demeu-rant à la Brunière ;

Item, trois sols six deniers de rente monnoye tournois que me doit par chacun an et chacune feste de saint Michel Colas Benest, de la Brunière ;

Item, dix-huit sols en deniers monnoye tournois de rente que me doit par chacun an et chacune feste de saint Michel, Jehan Seigneuret ;

Item, dix sols en deniers monnoye tournois de rente que me doit par chacun an en chacune feste susdite Michau Ardouin ;

Item, quatre journaux de prés ou environ assis auprès du Porteau avec leurs appartenances de bois, terres et autres assis en le fief de la Vertie ;

Item, une pièce de terre de bois assis au fief de la Gastière, contenant un journau de terre ou environ, tenant d'une part le bois de Jehan Blays et d'autre le pré de Billon du Chambourg ;

Item, deux pièces de bois, en fief de l'église, appellé le Bois sur Florence Billon et Catherine Billon, tenant d'une part le pré de Jehan Blays et d'autre le pré du dit Billon et l'autre des dittes pièces de bois en tenant d'une part le bois des héritiers feu Bodut Le Saire, et d'autre la terre qui fut Denis Huchéloup que tient à présent Jehan Seigneuret ;

Item, cinq boisseaux et demy de seigle de rente, mezure de Challans, que me doivent les personnes ci-dessous nommées, par chacun an et à chacune feste de Notre-Dame de septembre, qui que ce soit une fois l'an, c'est as sçavoir : Brevenne Rousselle, femme Martin Thomas, deux boisseaux ; les héritiers de feu Jehan Martin de la Voirie, Eilenne Martin son frère et Jeanne Raoult, à présent femme Guillaume Coquart, trois boisseaux, lesqueux trois boisseaux ils me doivent et sont tenus rendre payer en la ville de Challans, à la ditte feste ; les héritiers de feu Prot Bernard, de la Juisière, un demi boisseau de seigle porte en la ditte ville, en la ditte feste ;

Item, trois charruyes de terre assis en fief de Monseigneur de Commequiers en la Minée, sçavoir deux charruyes en la Grablière, tenant d'une part aux terres de messire Renaud Bloys, prêtre et d'autre les terres de feu André Le Ribaud ; et l'autre charruye de terre est franche, laquelle fut autrefois à François Barillon, tenant d'une part le chemin par lequel l'on va à la Bonne fontaine du dit lieu de Challans, de l'autre (à la terre) du prieur de Challans ;

Item, une charruye de terre franche assis en la Morine, en le fief de l'église ;

Item, un boisseau de seigle, mezure du dit lieu de Challans que me doivent chacun an de rente, à chacune feste de dessus dite, les Rolends de la Taraudière ;

Item, deux journaux de prés que tient Prot Guillaume Barber, assis au fief de Commequiers se tenant d'un chef au chemin de la Cailletrie et d'autre ès terres de Jehan Bloys l'aîné, d'un côté à la Nouhe qui fut à Prot Bouet, d'autre au bois et Nouhe ès héritiers Guillaume Bodin, boucher ;

Item, une Nouhe en fief de Commequiers, se tenant d'un chef à la terre de feu Vincent Guilmet et d'autre les Bregeons des Forges l'aîné ; lesquelles chouses, j'ay le dit testateur, baillé, situé, assigné à la ditte chapellannie par toute dotation, situation et assignation d'ycelle.

Item, je laisse à mon cousin Martin Lorent tant pour luy que pour ses héritiers mâles procréés de sa chair de mariage le patronage et présentation de la ditte chapellannie et au cas que le dit Martin irait de vie à trépas et ses fils mâles sans héritiers mâles procréés de leur chair de mariage, veux et ordonne que le patronage et présentation d'ycelle chapellannie soit et appartienne à jamais aux prieurs et fabriqueurs de l'église de Challans, lesqueux pourront présenter en la ditte chapellannie tel chapelain comme à eux plaira sans qu'ils soient tenus d'y appeller les paroissiens de la ditte fabrice, ni

aucun d'yceux ; à laquelle chapellannie je présente le jour de mon obiit messire Mathurin Suiras prêtre, prie et suplie le Révérend Père en Dieu Monseigneur l'Evesque de Luçon, qu'il luy plaise confirmer la ditte chapellannie
et en ycelle instituer le dit messire Mathurin ;

Item, je donne et laisse à mes exécuteurs et chacun d'eux et desquels à
nommer, le résidu de tous et chacun mes biens meubles, mon exécution premièrement faite et accomplie, lesquels mes exécuteurs je fais et élis Hugues
Chardreau, Jeannet, Laurent et Frot Laurent et chacun d'eux ainsy que ce
que l'un d'eux aura commencé l'autre puisse parachever, auxqueux je prie
et supplie prendre faits et charge et leur ai donné et donne plain pouvoir et
spécial commendement de mettre à fin l'ordonnance et exécution de ce présent mon testament, de faire toutes et chacunes des chouses adroit et con-
venable, et de tout ce, mes dits exécuteurs et chacun d'eux feront et accom-
pliront, je veux que eux et chacun d'eux en soient reçu en leur serment
simple, car déjà je les relève de toutte rédition de compte et à touttes et
chacune des choses dessus dittes, faire tenir, garder, maintenir, entretenir
et accomplir perpétuellement et non jamais venir au contraire ; j'ay le dit
testateur obligé moy, mes biens, héritiers et successeurs, mes biens ymeubles
présents et à venir ; et au cas que j'aurais fait autre testament ou ordonnance
de mes biens et chouses au temps passé, j'ay yceux revoque, casse et an-
nulle de tout en tout et veux qu'ils soient nuls et de nulle valeur et effet ;
ainsi veux et ordonne que le présent écrit soit mon dernier decrot et mon
dernier testament, ma dernière volonté et ordonnance, lequel je veux qu'il
vaille, tienne perpétuellement ferme et établi et s'il ne pouvait valloir n'y
tenir en tout par manière de testament (que nsa 'advienne!), je veux et
ordonne qu'il vaille, tienne ferme et établi en la plus grande et saine partie
qu'il pourra et devra valloir tant de droit usage que de coutume du pays ou
par manière de codicille. Si mes héritiers ou chacun d'eux ou l'un d'eux
voulloient faire en contre ce mon testament et mêtre aucun empêchement,
que ce mon dit testament sois dès lors fait et accomply en tout ou en partie,
je veux et ordonne qu'ils encourent et la peine et somme de vingt livres
payées à moitié à mon dit Révérend Père en Dieu, Monseigneur l'évesque de
Luçon et à M. de Commequiers, à chacun d'eux par moitié ; en témoins desquelles choses, je, le dit testateur, en ay fait faire ce présent écrit lequel
j'ay requis être scellé, ès sceau du scel établi ès contrats à la chatellannie de
Commequiers pour noble et puissant seigneur, Monsieur du dit lieu, prie et
suplie ou porteur et garde du dit scel qu'à ce mien présent testament ou dernière volonté luy plaise le dit scel mêtre et aposé.

Signé : JEHAN LORENT.

En témoins de toutes et chacunes des chouses dessus dites... Messire
Bernard garde du dit Scel en celuy tems, à la suplication et requête du dit

testateur et pour les sceaux, relation de Jehan Blois et de Jehan Boucherot,
clercs jurés, notaires et passeurs de laditte cour, qui le dit testament et dernière volonté ont passé, sitost, ils m'ont fait relation auxqueux c'est fait et
la manière. Je ajoute plaine fois, en ce présent écrit, le dit Scel ay mis et
aposé en témoin de vérité de fait. Fait et donné garant à ce présent apellés
et resquis messire Etienne Buet et Laurent Debeders, prestres, Nicolas
Bouet, André du Boays, Denis Pinsulou, Margot Denis femme Guillaume
Agry et Tifoine Ardoulne et plusieurs autres.

Le onzieme du mois d'aoust 1413.

Signé : Solaud, maire pour copie et collection faitte à l'original, à la requeste de messire Jehan Pairet, prestre, à présent chapelain de la dittecha-
pellannie. Le 21e jour d'octobre 1516 ; Camus notaire pour copie collation
faitte à l'original à la requeste de messire Jehan Pairet, prestre à présent
chapellain de la ditte chapellannie. Le 21e jour d'octobre 1516.

VI — 1419.

Précis d'un acte qui prouve qu'il est dû cinq sols de rente à
l'église sur un appentif dans ce bourg de Challans, qui fut
à Guillaume Gavin, ensuite à Thomas Suyrat, du 30 dé-
cembre 1419.

Sçachent tous présents et advenir que en la cour du Scel jadis établi ès
contrats à Saint-Gilles sur-Vie, pour très noble et puissant seigneur, monseigneur le vicomte de Thouars, en droit par devant Jean Boucherot, clerc
juré passeur et notaire de la ditte cour du dit Scel personnellement établi,
Guillaume Gavin à présent en la ville de Bois de Cené, d'une part et Thomas
Suyrat, demeurant dans la ville de Challans d'autre part ; lequel Guillaume
Gavin, connut, confessa avoir baillé, octroyé, cessé, transporté et concédé
baillait, octroyait, cessait et transportait par titre de transport perpétuel
audit Thomas Suyratz pour lui, ses héritiers et successeurs et ceux qui de
lui auront cause un appentif de thuile avec le verger et appartenances du
dit appentif, assis en la ville de Challans en la grande rue en fief de Monseigneur de Comquiers, assis ledit appentif contre une maison qui fut jadis
à Prot Denis, tenant d'une part à la ditte maison et courtil du dit feu Denis
et d'autre à la maison et verger de feu Jean Perret et le devant du dit appentif tient à la ditte grande rue et le bout dudit Verger à la petite rue,
c'est asçavoir pour payer les dhus scaulx mis par dessus, laditte maison et courtil avec ses appartenances et pour payer cinq sols de rente
annuelle et perpétuelle dus aux paroissiens de l'église du dit lieu de Chal-

lans, à cause de leur fabrice de ladite église et la fabriqueur d'ycelle perpétuelle par chacun an dès ores en avant en chacune feste de Notre-Dame
en aoust, lequel Gavin disait dû et être tenu sûr et pour cause dudit appentif et verger, tenir, user, louer, posséder et exploiter du dit Thomas Suyratz,
de ses héritiers et successeurs qui de lui auront cause, les dittes choses per-
tuellement, paisiblement et comptant, rendant et payant la ditte rente et
autres charges, devoirs et capital dus par dessus les dittes choses ample-
ment que dit est ; céda et transporta ledit Guillaume Gavin audit Thomas
Suyrats pour lui et ceux qui de lui auront cause tous droits, noms, raisins.
Le prenultième jour du mois de décembre 1419.

Signé : Bouchraot.

VII. — 1430.

Donnation de six suls deux deniers de rente faitte par Nicole Bodard, veuve de Jehan Avrillot, à la fabrice de Challans.

Scachent tous présents et avenir qu'en la cour du Scel jadis établi ès contrats à St-Gilles-sur-Vie, duquel l'on use en droit pour très noble et puissant
seigneur le vicomte de Thouars, en droit pardevant Pierre Briand, prestre
juré et notoire passeur de la dite cour fut présent personnellement établie
Nicole Bodard, veuve de feu Jehan Avrillot, son mary, laquelle tant en son
nom que au nom et comme tutrice naturelle de ses enfants, de son bon
gré, par absolue volonté et sansaucun par forcement donne lègue aux
procureurs et fabrice paroissialle de Challans, six sols et deux deniers
par perpétuelle rente, par chacun an et chacune feste de notre dame
au mois de septembre, payables par sa main, jusqu'à ce qu'elle, au
dit nom, ait baillé, situé et assis les dits six sols de rente aux dits pro-
procureurs, curé et fabrice en bonne assiette suffisante, laquelle assiette ils
sont tenus prendre et assiéter, c'est ascavoir pourquoy les dits procureurs,
curé et paroissiens de la ditte église fussent d'accord et asseuts que ledit feu
Avrillot son mary fut enterré et ensépulturé devant le Crucifix et au payement
et solution, faitte des dits six sols de rente aux dits procureurs curé et fabriqueurs, ainsi à la manière que dit est, et tenir, garder et accomplir touttes et
chacune les choses devant dittes, la ditte Marie Bodard oblige elle et tous
et chacun des biens, meubles et ymeubles quelconques de ses dits enfants
présents et avenir, autant que faire se peut et doit et jura ès saints évangiles
de ne faire et non jamais venir et se trouver à l'encontre à tout tems à venir
ny vouloir rien instrumenter contre, ny venir à toutes exceptions de déception,

de tort, de mal, de force, de fraude, d'embaras, tricherie, à tout droit écrit et non écrit, canon civile, aux droits *Vileguaïn*, par l'épitre de *dicy à deviani*, à tout droit fait et introduit en faveur des femmes, à touttes autres raisons, aléguations, aposition, deffense, grâce, privilège, droits, usage, coûtumes et autres choses qui luy pourraient aider contre ces présentes lettres en tout tems à venir. En témoins desquelles choses la ditte Bodard nous en a donné et octroyé, ès deapends du curé et fabrice, ces présentes lettres, scellées à sa requeste du scel de dessus dit, en témoin de vérité et sur lesquelles choses tenir et garder perpétuellement la ditte Nicole Bodard son consentement et volonté, à sa requeste a été jugé et condamné par jugement de la ditte cour par moy notaire susdit ; et en fut fait et donné, jugé, passé et condamné par jugement de la ditte cour, comme dit est garant à ce présent apellé nommé et requis Jehan Blois, le jeune et Maurice Guibert.

Le dimanche que l'on chante en saincte église *Exurge* l'an 1430.

Signé : BRIAN, notaire.

VIII. — 1434.

Précis d'un acte d'arrentement fait par Renaud Bloys, tuteur de Mathurine Bloys, le 1er aoust 1434, à Guyot Cosdria, d'une maison bourine et dépendances, sise au village de la Taraudière, moyennant 40 sols de rente qui furent donnés à l'église.

Sçachent tous présents et avenir que pardevant Jean Ruchart clerc juré notaire et passeur de la cour du scel établi ès contrats à St-Gilles-sur-Vie pour le Roy notre sire et aussy par devant Pierre Briand, prestre, juré passeur et nottaire de la cour du scel établi ès contrats en doyenné d'Aisénai uni à la table de révérend père en Dieu Monseigneur l'Evesque de Luçon, en droit personnellement établi messire Renaud Bloys, prestre, comme tuteur et administrateur de Mathurine Bloys, fille de feu Jean Bloys d'une part, et Guyot Cosdria, d'autre part, connut et confessa le dit messire Renaud Bloys comme tuteur et administrateur susdit avoir baillé et affermé perpétuel au dit Guyot Cosdria tant pour lui que pour ses héritiers et successeurs et pour ceux qui de luy auront cause perpétuelle, sçavoir est une maison bourine avec son fonds, cairuy et cortil assis au village de la Tarau dière, en la paroisse de Challans, avec tous et chacun les héritages quelconques apartenants à la ditte maison, contenus en la ditte paroisse et quelques fiefs, paroisses, juridiction et seigneurie qu'ils soient situez ou assis, soient prez, paturaux, bois, landes, terre arable et non arable et autres

héritages quelconques, sçavoir est pour le prix et somme de quarante sols,
monnoye en cours d'annuelle et perpétuelle ferme ou rente, rendue et payée
du dit Guyot Cosdria, de ses héritiers et successeurs et de ceux qui de luy
auront cause au dit messire Renaud Bloys pour et au nom de la ditte Mathurine et à ceux qui d'elle auront cause chacun an en deux termes, sçavoir
est vingt sols en chacune feste de saint Jean-Baptiste et vingts sols à la feste
de saint Michel archange, en sa maison de la ville de Challans et tout par
une main sans division et parcelles et pour payer les dûs et charges dus sur
la ditte maison et héritages et pour tenir en bon état et suffisant la ditte
maison, lequel Guyot Cosdria connut et confessa avoir pris et affermé et prit
et afferma la ditte maison avec ses appartenances, comme dit est du dit
messire Renaud Bloys, prestre, pour et au nom de la ditte Mathurine pour le
prix et ferme des dite quarante sols d'annuelle et perpétuelle ferme ou rente
rendue ou payée du dit Guyot Cosdria et ses héritiers et successeurs et de
ceux qui de luy auront cause au dit messire Regnaud, prestre, au nom de la
ditte Mathurine et à ceux qui d'elle auront cause, chacun an et chacune
feste dessus ditte en la ditte maison et tout par une main.

Le 28e jour du mois d'aoust 1434.

Signé : ROCHART et BRIAND.

IX. — 1436.

*Transaction passée entre les fabriqueurs de l'église de Chal-
lans et Guillaume Ayraud, en l'an 1436, pour les prez de
la Brémondière.*

Sçachent tous présents et avenir que comme contestations et débats furent
émus ou en espérance d'emouvoir entre les paroissiens de l'église de Notre-
Dame de Challans, à cause de leur fabrice, demandeurs, d'une part, et
Guillaume Ayraud, paroissien de Saint-Hilaire de Soullans, deffendeur,
d'autre part, sur ce que les dits paroissiens disaient proposer, à cause de
leur fabrice, à l'encontre du dit Guillaume Ayraud, qu'eux, leurs procureurs
fabriqueurs et administrateurs ou autres pour nom d'eux, de leur consentement et en leur nom à cause que dessus; sçavoir ils ont eu bonne possession
et saisine tant du dit Guillaume Ayraud que d'autres ses prédécesseurs avant
et tenant le lieu de la Brémondière assis en la paroisse du Périer avec ses apartenances, desqueux le dit Ayraud a droit et cause en cette partie ou d'autres en
son nom et de son commandement, pour une torche de cire du poids de quatre
livrés de ferme annuelle et perpétuelle, payable chacun an en l'église du dit lieu

de Challans, et chacune veille de la feste de Noël ou quelque ce soit une fois en
l'an et disent les dits paroissiens que le dit Guillaume Ayraud avait cessé et
contredit de leur rendre et payer la ditte torche de cire, depuis le tems de
quatre ans dernier passé, comb.en que dhument il eut été requis par les dits
paroissiens de payer et par ce requérant les dits paroissiens à cause de leur
fabrique, que le dit Guillaume Ayraud rende et paye dorénavant perpétuellement la ditte torche de cire à la man ère par dessus déclarée et aussy leur
en continue dorenavant perpetuelle, annuelle, foncière possession et saisine,
comme autrefois il leur en avait fait et aussy leur rendit et paya les arrérages
qui leur en était duë, du tems que dessus déclarés ; en cas de confession
et de niance, les dits paroissiens, à cause do leur fabrique en offraient à faire
preuve suffisante et pour que le dit Guillaume Ayraud a proposé plusieurs
causes et raisons au contraire et après deffenses par lesquelles il dit non être
tenu aux dits paroissiens et demandeurs en aucune manière ; pour empêcher
plusieurs débats et altercations sur ce entre les dittes parties et plusieurs
causes, raisons dittes proposées tant de part que d'autre, a été pacillé, transigé et accordé entre les dittes parties et même pour éteindre procès et contestations des choses dont par dessous est fait mention en la forme et manière qui sensuit : c'est asçavoir qu'aujourd'hui devant moy Gilles Peissonnet,
clerc juré, passeur et notaire de la cour du scel établi ès contrats en la chatellannie de Commquniers pour noble et puissant seigneur, monsieur de la
Forêt-sur-Sèvre et dudit lieu de Commquniers, fut présent et personnellement établi en d oit le dit Guillaume Ayraud d'une part et Prot Charier
procureur et en nom de procureur suffisamment fondé desdits paroissiens
comme il a paroît clairement par une procuration, scellée du scel établi ès
cour et doyenné d'Aizenay, tenant à la tab'e de Révérend Père en Dieu, Monsieur l'Evesque de Luçon, d'autre part ; lesquelles parties et chacun d'eux
partant comme à chacun au nom et à cause que dessus. s'est passé et accordé
entre eux les accords et conventions qui sensuivent ; c'est asçavoir que ledit
Guillaume Ayraud tant pour luy que pour ceux qui de luy auront cause, a
baillé, levé et octroyé, cessé et transporté et par ces présentes letres, baille,
lève et octroye, cesse et transporte à toujours et perpétuel héritage et par
titre de Baillette, cession et transport perpétuel et irrévocable au dit Prot Charier, au nom et comme procureur des dits paroissiens de Challans et à cause de
leur fabrique, à tenir et exploiter de luy et de tous les autres paroissiens de
la ditte église et de leurs successeurs à cause de leur ditte fabrique perpétuellement, sçavoir est trois journaux de prez avec leurs apartenances en
marais du Périer et en fiei de monsieur de Commquniers, en trois lieux,
sçavoir est un journal et demy en un pré apellé le petit Jonches, lequel tient
d'une part à la Charaud par laquelle l'on va du dit lieu de la Brémondière au
pas de la Taillée, et d'autre à la Lovée et d'autre au grand Jonches, do Jehan

Chataigner et d'autre au jart du dit lieu de la Bremondière ; et en un autre
lieu, un demy journal de pré apellé la Petite Levée, lequel tient d'une part à
cinq journaux de prez apellés la Brémondière et d'autre aux terres et cairuis
du dit lieu de la Bremondière et d'un bout au jart du dit lieu et d'autre aux
terres de Morice Foucher ; *Item* en un autre lieu, une levée contenant un
journau de pré, tenant d'une part à la terre de Dolbeau et d'autre au grand,
et petit Joncheas pardessus déclarés ; et d'un bout au jard et cairuis du dit
lieu de la Brémondière et d'autre bout au pas de la Taillée, et sont francs
les dits prez, payant les dheu féodaux seullement et desquels prez pardessus
confrontés et déclarés ; le dit Guillaume Ayraud tant pour lui que pour ceux
qui de luy auront cause, céda et transporta par ces présentes et encore cède
et transporte au dit procureur des dits paroissiens à cause de leur fabrique
pour eux et leurs successeurs perpétuellement tous les droits, noms, raisons,
actuelles, perpétuelles causes, querelles, demandes, requestes quelconques
qu'il avait et avoir pouvait aux dits prez pardessus déclarés et leurs apartenances pour raison d'yceux et s'en devestit et dessaisit et en vestit et saisit
les dits paroissiens à cause de leur fabrique et les en fait, constitue et établit
vrais seigneurs et propriétaires, pocesseurs, preneurs, comme de leurs
propres choses et domaines et leur en promet, doit et est tenu bailler guide,
saisine et perpétuelle pocession et déjà leur en a baillé recament et mesmement par la tradition et accordance de ces présentes letres, promettant yceluy
Guillaume Ayraud tant pour luy que pour les siens, les dits trois journaux
de prez pardessus déclarés dorénavant leur faire tenir, garder, délivrer et
deffendre envers tous et contre tous de tous troubles, empêchement, perturbation, obligation et aliénation quelconque et puis se contenta et accepta le
procureur des dits paroissiens, à cause de leur fabrique, quitta, remit et dé-
laissa quitte, encore par les présentes letres quitte, remet, délaisse quitte à
jamais perpétuellement le dit Guillaume Ayraud, ses héritiers et successeurs,
et à cause ayant de luy, la ditte torche de cire do rente pardessus déclarée
et chacun des crrérages pardessus déclarés qu'il en pouvait devoir, sans que
jamais le dit Guillaume Ayraud ni cause ayant de luy soit tenu de jamais rien
en payer aux dits paroissiens de la ditte église de Challans, ny à leurs dits
successeurs, à cause de leur fabrique, perpétuellement, ni aussy que les dits
paroissiens ny leurs successeurs et cause ayant d'eux, leur en puisse jamais
faire action, question, ny demande pour le tems avenir ; et en outre parce
que les dits trois journaux de prés pardessus déclarés qu'il a baillés aux
dits paroissiens, le dit Guillaume Ayraud sont de plus grande valleur que
n'était la ditte torche de cire que luy demandaient les dits paroissiens, à le
dit Prot Charier, procureur susdit des dits paroissiens aujourd'huy baillé,
payé pardevant moy le dit juré et les témoins cy-dessous écrits au dit Guillaume Ayraud la somme de cinq royaux d'or du coing du Roy notre sire une

fois payée, laquelle somme de cinq royaux le dit Guillaume Ayraud tant pour
luy que pour les siens, connait, confesse avoir eu et reçu et s'en tient
comptant par ces présentes lettres pour bien contant, pour satisfait et bien
quitte et en quitta et en quitte par ces présentes le dit procureur des dits
paroissiens, à cause de leur fabrique et leurs successeurs qui d'eux auront
cause, renonçant ycelluy Ayraud à toute exception, preuve d'or et d'argent
non timbré, non baillé, non payé, et non hue et non reçue ; et lesquels accords
et convention at touttes et chacune les choses pardessus nommées et déclarées, les dittes parties partant comme il leur touche ès noms et causes que
dessus que pussent être doivent et sont tenu les tenir, garder, entretenir et
accomplir perpituellement, fermement, et loyallement de point en point,
sans jamais aller ny faire encontre et à ce obligeant et encore oblige chacune
partie à l'autre par ces présentes, sçavoir est le dit Guillaume Ayraud soy et
tous et chacun ses biens meubles et ymmeubles présents et futurs quelconques, ses hoirs, héritiers et successeurs et ceux qui d'eux auront cause,
et ledit procureur des dits paroissiens, tous et chacun les biens de la ditte
fabrique présents et futurs quelconques ; les serments des dittes parties et de
chacun d'eux sur ce en doivent rendre ycelles dittes présentes ès dits noms,
en cas leur fait sous la caution de leurs dits fonds plainement instruits, à
toutes et chacune les causes faittes, raisons, alléguations, opositions, apella-
tions et obviation quelconque, qui de droit, de fait, d'usage et de coutume de
pays et leur pourrait aider avenir et faire encontre ce présent contrat. En
témoins de ce, les dittes parties en ont donné et octroyé chacune part à
l'autre ses présentes en double de leur consentement et scellé à leur requeste
du scel de la ditte cour, à la juridiction, cohibition de laquelle cour les dittes
parties se sont soumises et soumettent leurs biens par ces présentes ; quant à
ce, et en fut fait, donné et passé, juge et condamné par moy ledit juré, du
consentement des dittes parties et ce sous le jugement de la ditte cour, garent à ce appellé et requis Christophe Savary et Jehan Gourgeaut.

Le dix-huit du mois de janvier de l'an 1436.

Signé : PRISSONNET.

X. — 1437

*Acte par lequel il est dû à la fabrice de Challans trois livres de
cire sur sept journaux et demy de prés, situés à la Tande
près la Brémondière, paroisse du Périer, acquis par Etienne
Dolbeau.*

Sçachent tous présents et avenir qu'en notre cour de Commequiers en droit
par devant Jehan Boucherot clerc et Frot Charier tous deux jurés notaires

passeurs de la ditte cour furent présents et personnellement établis Guillé
Tenarde à l'autorité congé et license de Martin Girard son seigneur époux
et luy partant qui luy touche à cause d'elle, d'une part, et Etienne Dolbeau,
fils Jehan Dolbeau de la Melunière, d'autre part, lesquelles parties ès noms
et causes que dessus ont fait et font les passements, conventions et acer-
dances cy-dessous écrits en la forme et manière qui s'ensuit ; c'est ascavoir
que les dits conjoints Martin et sa femme, ès noms et causes que dessus,
tant pour eux que pour ceux qui d'eux auront cause, ont baillé, livré et ceddé
et transporté perpétuellement et de faire par la teneur de ces présentes,
baille, livre, cedde et transporte à jamais, perpétuellement, à perpétuel
héritage au dit Etienne Dolbeau pour luy et les siens, six journaux de prés
sis en une place de pré apelle la Tande, et partant par indivis avec deux
journaux de prés qui sont à Collas Bouët sis en la dite place de pré, laquelle
tient d'une part la chaussée de la Bremondière et d'autre part ès champs
du dit lieu de la Bremondière, francs les dits six journaux de prés en payant
chacun an les dus féodaux et en outre trois livres de cire dues à la fabrice
de l'église de Challans et payables par chacun un an et chacune feste de Noël,
cordées les dittes trois livres de cire, en une torche, non compris une livre
que doit le dit Bouet à la ditte Fabrice ès propres couts et despend du dit
Dolbeau et les siens par chacun an. Doresnavant et perpétuellement et en
outre acquitter et tenir quitte perpétuellement par chacun an les dits con-
oints et à cause d'elle de soixe sols de rente envers le dit Bouet et les siens,
qui luy sont dûs annuellement pour raison des dits journaux de prés ; item
un journal et demy de pré, portant par indivis avec un journal et demy de
pré qui est à Jeanne Thomaze, veuve de feu Guillaume Billon et tient le dit
pré d'une part à la chaussée par laquelle l'on va de la Rivière de Soullans
à la Bare Boucheau d'autre le pré ès faquelinières, franc le dit journal et
demy de pré en payant les dû féodaux pour le prix et somme de un réau d'or
du coin du Roy de France pezant le franc et deux sols six deniers monnoyé
courante d'annuelle et perpétuelle ferme ou rente rendûe et payée du dit
Etienne Dolbeau, de ses héritiers et successeurs et de ceux qui de luy
auront cause aux dits conjoints et à cause d'elle, à leurs héritiers et successeurs et ceux qui d'eux auront cause, au pied de la Croix Etienne du
cimetière de Saint-Sauveur du Marais du Périer, et par une main, sans
aucune parcelle ou division par chacun an perpétuellement en chacune octave
de la feste de saint Michel archange, pour noms et raisons des dits sept
journaux et demy depré ainsy dessus déclarés et confrontés et en outre pour
acquitter et tenir quitte perpétuellement les dits conjoints et les leurs des devoirs
et charges dessus déclarées et par la forme et manière que dit est, en outre
tenir, jouir, procéder et exploiter les dits sept journaux et demy de prés
avec leurs fonds, du dit Etienne Dolbeau et ses héritiers et successeurs

et de ceux qui de luy auront cause, désormais en avant, perpétuellement,
paisiblement, franchement et quittement, en payant la ditte ferme ou
rente de un réau d'or du coin du roy de France, pezant le franc et deux
sols six deniers aux dits conjoints et à cause d'elle, ou à ceux qui d'eux
auront cause, chacun an, perpétuellement en chacun jour et terme des
susdit et en lieu dessus dit et par une main comme dit est, et faisant, tenant
et accomplissant touttes et chacune les autres choses dittes et divisées en
ces présentes et ycelle faisant, tenant et accomplissant les dits conjoints et
à cause d'elle, tant pour eux que pour ceux qui d'eux auront cause, perpétuellement et duement et sont tenù la garantir, garder, délivrer et deffendre
les dits sept journaux et demy de prés au dit Etienne Dolbeau et ès siens
envers tous et contre tous de tous trouble, empêchement, perturbation et
alliénation quelconque et ont cessé et transporté en luy tous les droits de
propriété, noms, raisons, actions, prétentions, causes, querelles et demandes
quelconques qu'ils avaient, avoir pouvaient et devaient sur les dits sept
journaux et demy de prés dessus nommés et pour raison d'yceux, en faisant
et accomplissant les choses dessus dittes et le dit Etienne Dolbeau présent,
prend et accepte les dits sept journaux et demy de prés avec leurs fonds, à
l'annuelle et perpétuelle ferme ou rente du dit Réau et deux sols six deniers,
lesquels il reconnait, confesse devoir et les promet, doit et est tenu rendre et
porter aux dits conjoints et à cause d'elle et à ceux qui d'eux auront
cause par chacun an, perpétuellement en chacun jour et terme dessus dit et
en lieu dessus dit et par une main, sans aucune parcelle ou division et en
outre aquiter les dits conjoints des dù féodaux et autres choses dessus dittes
et déclarées, perpétuellement et faire tenir et accomplir en outre touttes et
chacune les choses contenuüs et déclarées en ces présentes letres, auxquelles
choses dessus dittes et chacune d'ycelles, tenir, garder, entretenir et acomplir perpétuellement, fermement et loyallement à la teneur et le devis de ces
présentes letres, en tous et chacun les articles d'elles, sans jamais venir ny
faire encontre les dittes presentes et chacun d'eux pourtant qu'à chacun
touche ès noms, causes et autorité que dessus, en obligeant une partie à
l'autre et obligé eux et chacun d'eux et tous et chacun leurs biens tant
meubles qu'ymeubles, leurs hoirs, successeur et ayant cause d'eux, les serments de leur propre corps de chacun d'eux sur ce donné, de ne venir n'y
faire encontre yceux ny autres en tems avenir, et ont renoncé en cetuy leur
fait par la vertu de leur dit serment, plainement instruit à touttes les raisons
que de droit, de fait, d'usage et coutume du pays leur pourraient aider ou
faire encontre la teneur et devis de ces présentes letres en tems avenir ; en
témoins des dittes chouses, les dittes parties et chacun d'eux en ont donné
et octroyé, chacune partie à l'autre, ces présentes letres, scellées à leur requeste du scel établi ès contrats de la chatollannie du dit lieu de Comme-

quiers par le jugement de laquelle cour dessus dites, à la jurisdiction de
laquelle les dittes parties promettent avant touttes causes, ont soumis tous
leurs biens pour avoir, tenir ferme, établi et agréable tout le contenu de ces
présentes et encontre non venir ; ont ycelles dittes parties été jugées et condamnées de leur consentement, requeste et volonté par nous les dits notaires.
Fait, donné, jugé et passé et condamné, garent à ce nommés, requis et
apellés Jehan Poireau et Nicolas Girard; le second jour du mois de septembre 1437.

Signé : BOUCHEROT, N^{re}.

XI. — 1445.

*Arrentement fait par les fabriqueurs de l'église de Challans à
Jacques Jamet, pour en payer sept sols six deniers de rente à
la ditte fabrice.*

Sçachent tous présents et avenir que en notre cour de Commequiers, vu le
rachat obvenu à très noble et puissant seigneur, Monseigneur le vicomte de
Thouars, pour la mort de noble et puissant Louis Jousseaume, escuyer, en
son vivant seigneur de Commequniers et pour lequel mon dit seigneur le vicomte l'on use de présent pour cause du dit rachat, en droit pour la ditte
cour, par devant Jehan Boucherot, clerc juré et notaire passeur de la ditte
cour, aujourd'huy jour feste de la Nativité de saint Jean-Baptiste à l'issuë de
Vespres, au lieu de Challans, pour les paroissiens d'yceluy lieu, l'an 1445,
furent présents et personnellement établis Etienne Bruneteau, et Etienne
Tirebourcg, procureurs et fabriqueurs de l'église paroissiale de Notre-Dame
du dit lieu de Challans, d'une part, Jacques Jamet Barbier, natif du pays
de Bretagne, pour le présent demeurant au bourg du dit lieu de Challans,
d'autre part ; lesquelles parties pour tant que à chacune touche ès noms,
causes et raisons que dessus, ont fait et font les baillettes, affermations,
passations et accordances cy dessous ès noms, en la forme et manière qui
s'ensuit :

C'est ascavoir que les dits Bruneteau et Tirbouc, ès dits noms de procureurs et fabriqueurs de la ditte fabrice pour les paroissiens de la ditte église,
avec le conseil, avis et assentiment des dits paroissiens de la ditte église,
ont baillé, cedé et transporté, par la teneur de ces présentes, baillent,
ceddent et transportent à jamais perpétuellement en perpétuel héritage, au
dit Jacques Jamet pour luy, ses héritiers et successeurs ayant cause de luy,
tous les droits, noms, raisons, actions, causes, querelles et demandes, tant

réelles que personnelles, et pocession quelconque qu'yceux paroissiens ont,
avoir pourront et devront, en un vieil Ayraud, sis au dit bourg de Challans,
en fief de Monseigneur de Commequniers, avec ses apartenances de courty,
ayres, quairais et ruages, qui fut à feu Berthomé Bréajos et à présent à feu
Guillaume Barbier, sis auprès de la halle du dit lieu, tenant d'une part la
ditte halle et la maison de feu Nicolas Le Barbier, une rue entre d'eux, par
laquelle l'on va de la halle à la Garnache ; et d'autre les courty de feu Guillaume Gillet à cause de sa femme et Lorence Aboiry, d'autre part l'aire que
tient et exploite à présent le dit Bruneteau, à cause de son fils, et d'autre à
une petite maison couverte de tuiles en laquelle demeure à présent Jehan
Fevrea, mareschal, qui fut à Guillaume Denis, quelles choses ont baillé,
ceddé et transporté yceux procureurs et fabriqueurs au dit Jacques Jamet
pour luy et les siens à perpétuité toute la matière quelque matière quel que
se soit, qui est au dit Fouguaud pour ycelle convertir et mètre à la réparation
des maisons à faire au dit vieil Ayraud et non ailleurs et à voir, tenir, jouir,
posséder, exploiter perpétuellement les dits Ayraud et Fougaud, avec leurs
apartenances et exploit de matière ainsy que dit est et du dit Jacques Jamet
et des siens et ayant cause de luy pour le prix et la somme de sept sols six
deniers de monnoye tournois de perpétuelle ferme ou rente annuelle rendable et payable à perpétuité doresnavant par chacun an et chacune feste de
Notre-Dame du mois d'aoust, du dit Jacques et des siens et ayant cause de luy,
ès dits paroissiens, procureurs et fabriqueurs de la ditte fabrice et de leurs
successeurs et procureurs de la dite fabrice et en outre pour bastir, construire et édiffier une maison tebline au dit Fougaud dedans un an, que le
dit Jacques Jamet sera tenu faire, et en outre payant et acquittant les dits
procureurs, fabriqueurs et paroissiens, désormais en avant et à perpétuité
de tous et chacun les droits, dûs et charges, dùs pour raison du dit Ayraud et
Fougaud, avec leurs dittes apartenances ; et yceux procureurs et fabriqueurs de la
la ditte fabrice ; pour les dits paroissiens et leurs successeurs, se sont dévestus et dessaisis des dits droits, procession et saisine qu'ils avaient aux
dits lieux, pour eux bailler au dit Jacques, lequel tant pour luy que pour les
siens, ils en ont vestu et saisy et fait vrai seigneur, propriétaire, preneur et
possesseur, comme en sa propre chose et domaine et luy ont promis garder,
garentir, délivrer et deffendre les dits droits, pocession et saisine, qu'ils
avaient, avoir pouvaient et devaient ès dittes choses cy dessus confrontées
et déclarées et à ce ont obligé et obligent les dits procureurs et fabriqueurs
eux et leurs successeurs et tous et chacun les biens de la ditte fabrice et le
dit Jacques Jamet présent, prenant et acceptant les dits droits, pocession et
saisine qu'ont yceux paroissiens ès dits lieux confrontés et déclarés cy-
dessus, tant pour luy que pour les siens à lavenir, perpétuelle ferme ou rente
des dits sept sols six deniers, a promis et promet tant pour luy que pour les

siens, désormais en avant et à perpétuité, payer aux dits paroissiens, procureurs et fabriqueurs de la ditte fabrice qui sont et seront à l'avenir les dits sept sols six deniers par chacun an en chacune feste dessus ditte, et les aquiter et tenir quitte à perpétuité envers touttes personnes quelconques, de tous et chacun les deû, cens, rentes, chargés et capital, dus pour raison des dits lieux dessus déclarés et confrontés et en outre faire bastir, construire et édiffier une maison tébline en dit fougaud ou ayraud, dans un an prochain venant et finissant après la datte de ces présentes, au payement et solution de laquelle rente et entretiennement des choses dessus dittes, ainsy quelles sont dessus spécifiées et déclarées, et ycelluy Jacques est obligé et oblige auxdits procureurs les paroissiens, luy, ses hoirs, héritiers et successeurs et les dittes choses à luy baillées qui sont cy dessus confrontées avec tous et chacun les autres domaines qui sont faits, en quelles choses, promet à perpétuité et chacune pour tant qu'à chacune touche, ès noms et causes que dessus, faire tenir, garder, continuer et accomplir toutes et chacune les choses dessus dittes, et non venir encontre par les foi et serments de leurs corps et sur les obligations dessus dites, rendre ycelles dites parties et chacune pourtant qu'à chacune touche ès noms et causes que dessus, à toute exception de déception, de fraude, de barat, de tricheries, de lésion quelconque, et à tout droit écrit et non écrit canon civil et généralement à touttes et chacune les chouses par le moyen desquelles les dittes parties pourraient faire ou venir eu contre la teneur, devis et substance de ces présentes, en tems avenir, sur lesquelles choses et chacune d'ycelles avoir, faire, établi et agréable et encontre non venir; ont ycelles dittes parties, de leur consentement, volonté et requeste été jugées et condamnées, par le jugement de la ditte cour par le notaire dessus dit; en témoins desquelles les dites parties en ont donné, octroyé, chacune partie à l'autre, ces présentes lettres, scellées, à leur requeste, du scel établi ès contrats en la ditte châtellannie. Fait et donné garent à ce présents nommés et requis noble personne Jehan Chasteigniar et Michea Caillé, les dits jours, heure et au dessus dits. Ainsy signé : BOUCHRROT.

XII. — 1451.

Précis d'un acte d'arrentement fait le 14 janvier 1451, par noble Pierre Nicolas d'Guillaume Nau, de trois boissellés et sept sillons de terre en fief de la Verrie pour deux boisseaux de bled (en faveur de l'église probablement).

Sçachent tous présents et avenir qu'en la cour du Scel jadis établi aux contrats à Saint-Gilles-sur-Vie, pour très noble et très puissant seigneur,

Monseigneur le vicomte de Thouars, par devant nous Nicolas Girart et
Jean Camus, tous deux clers jurés, notaires et passeurs de la ditte cour,
furent présents et personnellement établis en droit noble homme Pierre
Nicolas, seigneur de la Bauducière, d'une part, et Guillaume Nau, d'autre
part, lesquelles parties connurent et confessèrent entre elles avoir fait, passé
les baillettes et affermations des choses cy-dessous annoncées, en par la
forme et manière qui s'ensuit ; c'est ascavoir que le dit noble pour lui et les
siens a baillé, livré, octroyé, cédé et transporté et par ces présentes, livre
octroye, cédé et transporte, afferme et arrente à jamais perpétuellement au
dit Guillaume Nau à ce présont, prenant et acceptant le dit contrat de baillette ou affermation perpétuelle ....
ascavoir est trois boisselées de terre ou environ assises en deux lieux et
pièces, en fief de la Voyrie ; item aussy sept sillons de terre ; au dit fief de
la Voyrie, dont l'une des dittes pièces tient d'une part à la terre de Mathias...
à cause de Catherine Chauvin sa femme et d'autres la terre de Pérot Achard
et d'un bout au grand chemin qui conduit du dit lieu de la Voyrie au village du Breuil et l'autre des dittes pièces est tenant d'une part à la terre de
Jean Chauvin l'aîné et d'autre la terre qui fut à Nicolas Bernart et d'un bout
Clairuy au Vilain et les dits sept sillons sont tenant d'une part à la Vrégnais qui
fut au dit Bernart et d'autre la terre du dit Chauvin d'un bout au Cairuy vilain,
franches les dittes terres avec les dus dû par dessus ; faite la ditte baillette
ou affermation des terres pardessus déclarées pour le prix et la somme de
deux boisseaux de bled, mesure de Conquiers, bon bled novea et marchaud.
scavoir un boisea de froment et un boisea de sègle ou valant sègle, le tout
d'annuelle et perpétuelle ferme ou rente, rendable et payable par le dit
Guillaume Nau et les siens au dit noble et ceux qui de lui auront cause,
perpétuellement par chacun an en chacune feste de saint Michel Archange.
Le 14ᵉ jour du mois de janvier 1451.

Signé : GIHART.

XIII. — 1451.

*Précis de la donation faite à la fabrique de Challans par Jeanne
Camus, veuve de Jean Crochet, d'un journal de pré, près la
la Cigonne sur la route du Périer*

Sçachent tous présents et avenir qu'en la cour du Scel établi aux contrats
en diaconné d'Aisenai uni à la table épiscopale de Pévérend Père en Dieu et
Seigneur, Monseigneur l'evesque de Luçon, par devant moi Jean Bonneteau, prêtre juré et passeur d'icelle, fut présente et personnellement établie

Jeanne Camuse, veuve de Jean Crochet clerc, demeurant en bourg de Challans, laquelle de son bon grez, pure et absolue volonté et sans aucun par forcément et parce qu'ainsy luy a plu et plait pour les causes cy-après déclarées, désirant le salut de son âme et voulant le bien et l'augmentation de la fabrice de l'église paroissiale de Notre-Dame de Challans, connut et confessa avoir donné, légué, cédé, délaissé et transporté et par la teneur de ces présentes letres, donnoit, baillait, cédait, délaissait et transportait à tout jamais perpétuellement et perpétuel héritage par titre de don, cession et transport perpétuel et irrévocable à la dite fabrice de l'église paroissiale du dit lieu de Challans, moi le dit juré prenant, stipulant et acceptant pour la ditte fabrice et église susditte et qui cause auront d'elle, sçavoir est un journal de prez situé et assis en Vilatte et fief de Conquiers, tenant d'une part au prez de la Cigonne, d'autre au prez des héritiers Guillaume Mornet, d'un bout à la chaussée par où l'on va de la maison Conil à Saint-Sauveur du Périer et d'autre à la Charau par où l'on va de la maison de Franc Billon à la maison Aubert, c'est à sçavoir pour être ès prières, recommandations, oraisons et bienfaits de la dite église du dit lieu de Challans et des paroissiens d'ycelle tant pour elle que pour tous ses parens et amis trépassés en tons les tems, avoir, tenir, user, posséder et exploiter le dit journal de prez dessus nommez, la dite fabrice, désormais en avant.

Le 2ᵉ jour de décembre 1451.

Signé : BONNETEAU.

XIV. — 1452.

Eschange fait entre Etienne et Jehan Tirbouc et les administrateurs de la confrairie du Saint-Esprit d'un journal de pré appellé la Rochère.

Sçachent tous présents et avenir que en la cour du Scel établi aux contrats de Saint-Gilles-sur-Vie pour très noble et très puissant seigneur, monsieur le vicomte de Thouars, en droit et pardevant Jehan Charier, prêtre juré et notaire passeur de la ditte cour, furent présents et personnellement établis pour la ditte cour, Etienne et Jehan Tirbouc, frères germains demeurant au village de la Piétière, paroisse de Challans, d'une part et Jehan Gaillard et Jehan Cougnaud laisné, administrateurs de la confrairie du Saint-Esprit, célébrée par chacun an en l'église paroissiale du dit lieu de Challans, Etienne Bauneteau et Jehan Boucherot, procureurs des frères et sœurs de la ditte confrairie du Saint-Esprit, d'autre part, lesqueux et chacun d'eux pour tant qu'à chacun touche ès dits noms, ont fait et font les Achances et permutan-

tions cy-dessous annoncées, c'est à sçavoir : les dits Jehan et Etienne Tirbouc frères, par titre et contrat du dit échange ont baillé, ceddé et transporté et à perpétuité délaissé ès frères et sœurs de la ditte confrairie, ès
dits Gaillard, Cougnaud, administrateurs et Bauneteau et Boucherot, procureurs de la ditte confrairie, la moitié par indivis d'une place de pré, nommé
la Rochère, portant par indivis avec la fabrice de l'église du dit lieu de
Challans, contenant la ditte moitié de la ditte place de pré un journau de
Saulny ou environ, assis en fief de Jehan Gourdeau, tenant d'une part la
Besse-Batard, d'autre la Rochère de Louvardière et d'un autre costé le pré
noir du sieur des Vilattes, d'autres les héritiers Audouin et Jehan Pret,
franc en payant seulement quatre deniers de cens au dit Jehan Gourdeau,
par chacun an et en retour et recompensation des dittes chouses, les dits
administrateurs et procureurs de la ditte confrairie ont baillé, ceddé et délaissé quitte, remis et transporté à jamais perpétuellement à Etienne et Jehan
Tirbouc frères et chacun d'eux de essus dit, deux sols de rente perpétuelle, que
les dits Jehan et Etienne Tirbouc, frères, devaient et étaient tenu, comme teneurs et exploiteurs d'un pré apellé le pré Lambys, et pour raison d'icelluy
pré, rendre et payer perpétuellement par chacun an et en chacune feste du
Saint-Esprit à la Pentecôte et lesquels deux sols de rente perpétuelle, feu Sauvestre Vincendeau, en son vivant seigneur du dit pré Lambys, donna à pers
pétuité par son testament, ordonnance ou dernière volonté, ès frères et sœur-
de la ditte confrairie du Saint-Esprit pour être ès biens fait messes et prières
de la ditte confrairie assis les deux sols de rente sur le dit pré Lambys que à
présent tiennent et exploitent les dits Tirbouc frères et autres tant vers les
possesseurs-exploiteurs que autres, pour finir et demeurer les dittes chouses,
d'une partie baillée à l'autre deux et chacun d'eux au dit nom de leurs héritiers
et successeurs et qui d'eux causes auront doresnavant, perpétuellement, paisiblement, franchement et quittement, en payant et acquittant les dits quatre
deniers seulement de cens, desquelles chouses ainsi échangées d'une partie
au dit nom à l'autre, les dittes parties et chacune au dit nom, en ont ceddé
et transporté perpétuellement l'une partie à l'autre pour elles et les siens
ayant causes au dit nom, les droits de saisine et de possession qu'ils, chacun
d'eux au dit nom, avaient, avoir pouvaient et devaient, les dittes chouses
baillées et échangées de l'une partie à l'autre, ensemblement et tous droits,
actions, prétentions, causes que les demande requête et par argumentation
quelconque qu'ils, ès dits noms, avaient et avoir pouvaient ès dittes chouses
ainsi baillées et échangées de l'une des dittes parties à l'autre et d'ycelles
dittes chouses ainsi baillées et échangées de l'une des dittes parties à l'autre
et d'ycelles dittes chouses ainsi échangées, les dittes parties et chacune au
dit nom, ont promis et sont tenu garantir, délivrer et deffendre l'une à l'autre
partie envers tous, de tous et contro tous, de tous troubles et empéchement

quelconque, et à ce ont obligé les dittes parties au dit nom l'une à l'autre et
scavoir est les dits Tirbouc, eux, leurs hoirs, et tous et chacuns leurs biens
meubles et ymeubles quelconques, présents et futurs, et les dits administrateurs et procureurs de la ditte confrairie, les biens de la ditte confrairie quelconque et de non jamais faire ni venir encontre les dittes chouses. Les dittes
parties et chacune au dit nom ont juré par la foi et serment de leur corps, en
rendre en ce leur fait à touttes exceptions de déception, de mal, de fraude,
d'embarras, de tricherie et lésion quelconque, tout droit écrit et non écrit,
canon et ordonnance, à tout autres causes, faits, raisons, alleguation, oposition, grâce ; privilège de cour, pris et aprendre et au payement d'yceux et à
touttes et chacunes les dittes chouses, par le moyen desquelles les dittes parties ou aucunes d'elles pourraient faire ou venir oncontre la teneur et devis
de ces présentes lettres en tout ou en partie, en tems à venir, sur lesquelles
chouses dessus dit et chacune d'ycelle quand à ycelle tenir, garder, entretenir
et accomplir de point en point et encontre non venir, ont ycelles parties et
chacunes d'elles de leur consentement, requète et volonté, été jugé et condamné par moy notaire susdit, par le jugement de la ditte cour, en témoins
desquelles chouses les dittes parties et chacune au dit nom, en ont donné et
octroyé l'une à l'autre ycelles présentes lettres double, donné temoin, et scellé
à leur requeste du scel dessus dit, en temoins des présentes fut fait et donné,
jugé passé et condamné par jugement de la ditte cour, garants à ce présents
requis et à ce présents requis et apellé Michas Bonnea et Jehan Bernard,
clercs, le vingt-buitième jour de may l'an mil quatre cent cinquante-deux.

Signé : J. CHARIER, notaire.

XV. — 1456.

*Donnation faicte de trois charruyes de terres au fief des
Villattes, à la fabrique de Challans, par Etienne Chessard,
en date du 9 décembre 1456.*

Sçachent tous présent et avenir qu'en la cour du Scel établie aux contrats
à St-Gilles-sur-Vie, pour très noble et très puissant seigneur le vicomte de
Thouars, par devant moy Pierre Brian, prêtre et notaire de la ditte Cour du
dit scel, en droit fut présent et personnelement établis Guillaume Chessard,
de son bon gré, pure et absolue volonté, et sans aucune male introduction
et machination de tricherie à ce contraire, de son bon propos et propre mouvement, connais et confesse avoir donné, baillé, livré, légué et octroyé,
cedde, cesse, remets et transporte et par la teneur de ces présentes, letres,

donne, baille, livre, lègue et octroye, cedde, cesse, remets et transporte et toujours, perpétuellement, de perpétuel héritage; par titre de bonne, vraie, perpétuelle et absolue donnaison et irévocable, à la fabrice de l'église paroissiale de Notre-Dame de Challans, ès paroissiens de la ditte église à cause de la ditte fabrice absents, et le dit notaire procureur stipullant et acceptant le dit don, cession et transport perpétuel pour les dits paroissiens et à cause de la dite fabrice, c'est à sçavoir une pièce de terre labourable contenant en soy trois charuyes de terre assises au fief des Villates, auprès du village des Nouhes, tenant d'une part la terre Micha Bailllf, à cause de sa femme, et serrant d'un bout au chemin par où l'on va des Layres à Boisfossé, et d'autre aux terres de Bernard ; franche la ditte pièce de terre en payant la sixte gerbe des fruits croissant par labeur, par droit de torrage et devoir féodal, pour estre aux recommandation et prière de la ditte église ; et participant aux prières et biens faits des dits paroissiens de la ditte église et de leurs futurs successeurs paroissiens de la dite église et à cause de la ditte fabrice à jamais, perpétuellement, luy et les siens, et tenir et avoir, uzer, prendre, jouir, posséder, exploiter la ditte pièce de terre, avec ses apartenances et dépendances, les dits paroissians et leurs successeurs paroissiens et qui que ce soit des administrateurs procureurs et fabriqueurs de la ditte fabrice et à cause d'elle, désormais en avant, perpétuellement, paisiblement, franchement en payant la sixte gerbe des bleds labourés, par chacun an en ycelle ditte terre au seigneur du dit fief, par droit de terrage et devoir féodai ; de laquelle pièce de terre pardessus déclarée le dit Guillaume Chessard donnateur en a ceddé et transporté et par la teneur de ces présentes, cedde, transporte à perpétuité, aux dits paroissiens et à leurs successeurs paroissiens de la paroisse de Challans et à cause de la ditte fabrice, tous les droits de propriété, de seigneurie, de saisine et de pocession et tous les droits, nom, raisons, actions, d'autres causes qu'ycelles, prétention quelconque, qu'il avait, avoir pouvait et devait, compter et apartenir en la ditte pièce de terre par luy donnée, dessus confrontée, par quelconque nom, titre, causes, raisons que ce soit ou puisse être et s'en est desvestu et dessaisi, en a vestu et saisi les dits paroissiens, à cause de laditte fabrice, et yceux fait, constitué, établis vrais seigneurs et propriétaires, pocesseurs, preneurs, comme leurs propres choses et domaines, et leur en a donné la saisine et pocession, réellement et de fait, par la tradition de ces présentes, mis en ycelle pièce de terre dessus déclarée avec ses apartenances, le dit Guillaume Chessard a promis et promet, doit et est tenu pour luy et les siens perpétuellement garder, garentir, délivrer et deffendre ès dits paroissiens et à leurs successeurs paroissiens de la ditte église et à cause de la ditte fabrice, vers tous, de tous et contre tous de tous troubles, empeschements, perturbation, obliguation, éviction et aliénation quelconque et à ce

a obligé et oblige le dit Guillaume Chessard, ses hoirs héritiers et tous et
chacun de ses biens meubles et ymeubles quelconques, présents et futurs, et
a promis et juré yceluy Chessard, au saint évangile de la messe et par la foy
et serment de son corps de n'en jamais faire, aller ny venir encontre en
aucune manière, combien que le donnateur ou donatrice ne soit tenu de faire
ny porter aucun garentement de ce qu'il donne ; et a renoncé le dit Guillaume Chessard en la vertu de son dit serment plainement instruit en celuy
son fait, à tout de tout exception de dol, de mal, de fraude, de force, de tort,
de tricherie, de lézion et de contravention quelconque, de tout droit écrit et
non écrit, canon et civile et généralement de toutes les raisons et opositions,
obligations, suitte délais et autres chouses quelconques, qui de droit, de
fait, d'uzage et de coutume du pays, luy pouraient ayder et venir ou faire
encontre la teneur, fais et devis et substance de ces présentes letres, au
tems à venir ; de ce et sur lesquelles chouses dessus dittes chacune d'ycelle,
quant à les tenir, garder et acomplir fermement, loyalement, et encontre
non jamais faire et venir, ny aller en contre, yceluy Chessard de son consentement, volonté et requête, et fut jugé et condamné par le jugement et con-
dumnation de la ditte cour du scel, par moy notaire dessus dit, en témoins
desquelles chouses, le dit Guillaume Chessard en a donné et octroyé ces
présentes letres, scellées à sa suplication et requête du scel dessus dit, des
dits paroissiens et à cause de la ditte fabrice. Donné, fait et jugé, passé et
condamné, eurent, à ce présent nommé requis et apellé, Guillaume Bernard
et Guillaume Guittonneau, le dix-septième jour de l'an 1410 ; laquelle letre
dessus écrite a été extraite des paroissiales le feu Pierre Bernard, prêtre
dessus nommé en son vivant notaire de la ditte cour du dit scel, lequel passa
la ditte letre, par moy Jehan Boucherot, clerc juré et notaire de la ditte
cour et ycelle ay signée de mon seing manuel, en lieu du feu Brian, notaire
susdit, le troisième jour de février 1458, par vertu des letres de commission
rendue par Monseigneur le sénechal de Thouars, à moy adressée, les letres,
donation et testament des notaires et parchaillers en protocol, passé par le
sieur son lieutenant du dit scel et signé de son seing manuel et donné plus
à plain par les dittes letres de commission, lesquelles sont cy enprès incor-
porées, ainsy qu'il en suit :

Jehan.... conseiller et avocat du roy notre sire et sénéchal de Thouars
pour haut et puissant seigneur, Monseigneur le vicomte du dit lieu, comte
de Guigne et de Denion, seigneur et prince de Thalémond, aux sieurs Pierre
Ruau et Jehan Boucherot, notaires du scel établi aux contrats de Saint-
Gilles-sur-Vie pour mon dit seigneur le vicomte et à chacun de vous salut ;
de la partie du preneur de mon dit seigneur nous a été exposé que feu messire Pierre Brian pour le tems de sa vie avait été notaire juré du scel établi
aux contrats du dit lieu de Saint-Gilles-sur-Vie, yceux avait passé plusieurs

notaires parchaillers en protocol, entre plusieurs parties, sans aucunement
d'yceux en avoir extrait ny baillé de letres aux parties, qui est en grand préjudice et domage des dittes parties et du proût et émolument des dits scel et
plus pourait être que pour nous n'en était pourvu par le lieutenant de justice, pour ce est que nous, les chouses considérées et nous dûment informés
de vos bons soins, prudhomie et bonne diligence, vous et chacun de vous,
avons commis et commetons, de par mon dit seigneur, les extraits des contracts, chacune de toutes les letres, donation et testament des notaires et
parchaillers passé par le dit feu, sous la cour des dits scels, et que vous
trouviez être signé de son s·ing manuel, dont il n'aurait extrait et ne les
aurait rendu aux parties et les letres qu'avaient extrait les dits notaires parchaillers en protocol, la matière et substance de ceux qui ont été signé de nos
seings manuels, portés ou renvoyés pardevant le garde des dits scels.....
et prenant d'elles sallaires compétent de faire vous donnons et à chacun de
vous plein pouvoir et mandement spécial par ces présentes letres.

Donné sous notre scel le neufvième jour de décembre mil quatre cent
cinquante-six.

Signé : FAUCHER, lieutenant de mon dit sr le sénéchal ; R. ETIVAL, procureur ; BOUCHEROT et son confrère, notaires.

XVI. — 1457.

Précis d'un contrat d'acquêt fait par Jean Gaillard, fabri-
queur, pour la fabrice, d'un demi journal de prez, sur
Nicolas Febvre, le 20 décembre 1457.

Sçachent tous que en la cour du Scel jadis établi aux contrats à Saint-
Gilles-sur-Vie, dont l'on use à présent pour très noble et puissant seigneur
Monseigneur le vicomte de Thouars, pardevant moy Jean Charier, prêtre
juré et notaire passeur de la ditte cour du dit scel, personnellement établi en
droit Nicolas Febvre, à présent demeurant à la Voyrie d'une part et Jean
Gaillard comme procureur et administrateur de la fabrice de Notre-Dame de
Challans, d'autre part, lequel Nicolas Febvre connut et confessa avoir vendu,
baillé, livré, cédé et transporté et par ces présentes vend, baille, livre, cède et
transporte, par titre de vente perpétuelle et irrévocable au dit Gaillard,
comme procureur de la dite fabrice, prenant et acceptant le dit contrat de
vente et achapt pour cette fabrice, c'est à sçavoir un demi journau de prez ou
environ assis en la paroisse de Saint-Sauveur du Périer, en fief de monseigneur de Comquiers, tenant aux prez de Colas Frangnaut à cause de sa

femme, d'une part, et d'autre part au prez à présent appartenant à Jean Bodin et ses fréchaux pour le prix et somme de vingt deux sols six deniers, une fois payée, laquelle somme de vingt deux sols six deniers, le dit Nicolas Febvre connut, confessa avoir eue et reçue du dit Gaillard au dit nom et l'en quitta et s'en tint pour content et bien payé de lui par avant les présentes faites, sans jamais lui en faire question ny demande à tenir, avoir posséder et exploitter le dit demi journau de prez avec ses apartenances et la dite fabrice désormais en avant, perpétuellement, paisiblement, franchement et quittement, en payant les dus féodaux tant seulement et en a cédé et transporté le dit Febvre pour luy et les siens au dit Gaillard pour la dite fabrice et ceux qui d'elle auront cause, tous les droits de propriété, noms, raisons, actions. Le vingtième jour de décembre l'an mil quatre cent cinquante-sept.

Signé : CHARIER.

XVII. — 1457.

Acquêt fait par la Fabrique de Challans d'un tiers de journal de pré situé au Périer, de Simon Achard, en datte du 21 décembre 1457.

Sçachant tous qu'en la cour du scel jadis établis aux contracts à Saint-Gilles-sur-Vie pour très noble et puissant seigneur Monsieur le vicomte de Touars, pardevant moi Jehan Charier, prêtre juré, notaire passeur de laditte cour du dit scel personnellement établis en droit Simon Achard demeurant à la Voirie d'une part et Jehan Gaillard au nom et comme administrateur procureur de Notre-Dame de Challans d'autre part, lequel Simon Achard connut et confessa de son bon gré, pure et abolue volonté et sans aucune coutrainte, tant pour luy que pour les siens, avoir vendu, baillié, livré, cedé et transporté, et encore parla teneur de ces présentes, connoit confesse avoir vendu, vend, baillé, livre, cedde et transporte à jamais et perpétuellement par titre de vente perpétuella et irévocable au dit Jehan Gaillard, procureurs et administrateur dessus dit, présent, aceptant le dit contract de vente pour la ditte fabrice ; à scavoir est un tiers de journal de prez ou environ, partant par indivis avec la ditte fabrice, assis et située en la paroisse de Saint-Sauveur du Périer ; tenant d'une part à la Brocherie de Mademoiselle du Parc et d'autre à la Besse, et d'un bout au prez Colas Fouquaud à cause de sa femme pour le prix et somme de quinze sols, mounnayé du roy, une fois payé, laquelle somme de quinze sols dessus ditte, ledit Simon Achard, tant pour luy que pour les siens, a connu, confessé avoir eu et reçu dudit Jehan Gail-

lard au dit nom et l'en quitta perpétuellement et s'en tient pour bien content
et approprié, tout par avant la datte de ces présentes et renoncé à toute ex-
cep·ion de déception, d'outre moitié a juste prix franc et quitte le dit tiers de
journaux de prés, en payant par chacuu an les dus féodaux : à avoir, tenir
user, posséder et exploiter le dit tiers de journaux, de pré du dit Jehan
Gaillard ou des siens désormais en avant, perpétuellement, paisiblement,
franchement et quittement, en payant les dus féodaux seulement et en a
ceddé et transporté le dit Achard pour luy et les siens au dit Gaillard et à
ceux qui de luy auront cause. tous les droits de proprietté, pocession, nom,
raison, actions, prétentions, causes. querolles, et demandes quelconques
qu'il avait, avoir pouvait et devait au dit tiers de journaux de pré et pour
cause d'ycelluy ; et s'en est dévestu et dessaisis et en a vestu et saisis le dit
Gaillard et l'en a fait vrais seigneur propriétaire, pocesseur et détempteur,
comme du propre domaine de la ditte fabrice et lui'en promet bailler au dit
nom bonne saisine et perpétuelle pocession que cy-dessus ; et en a baillé
réellement, de fait, vraiment le bail de ces présentes et a promis, doit et
est tenu garent, garentir, délivrer, deffendre perpétuellement le dit tiers du
dit journaux de pré au dit Gaillard au dit nom et à la ditte fabrice, envers
ses cohéritiers et frères cheurs et envers tous autres, de tous troubles, em-
peschement, perturbation quelconque et sous l'obligation de luy, de ses hoirs,
héritiers et successeurs, de tous et chacun ses biens meubles et ymmembles,
présents et à venir, le serment de son propre corps sur ce donné
corporellement, a touche le livre des saints Evangiles, mesmement de
non venir ni faire encontre par luy ni par autre pour l'avenir, et rendra
comme dessus son fait sous la vertu de son dit serment, plainement
instruit à tout exception de déception, de mal, de fraude, de barat, de tricherie, lezion quelconques, à tout droit écrit et non écrit, canon et civil, et
généralement à touttes les raisons qui de droit, de fait, d'uzage et coutume
du pays, et pourraient ayder avenir ou faire encontra la teneur de ces présentes letres en temps avenir et pour ce en fut le dit Achard de son consentement requeste et volonté, jugé et condamné par le jugement de la ditte
cour et en témoins de ce en a donné et octroyé audit Gaillard, procureur de
la ditte fabrice, ces presentes letres. scellés du scel dessus dit, à sa requête et
suplication.

Donné et fait témoin à ce présent Pierrot Bodin, François Achard et Jehan
Sceller, le 21ᵉ jour de décembre l'an 1457.

Signé : J. CHARIER, notaire.

XVIII. — 1458

Donation à la fabrique de Challans de 8 boisseaux de blé.

Sçachent tous présents et advenir qu'en la cour et jurisdiction établie ès contrats à Saint-Gilles sur Vie pour très haut et très puissant seigneur, Monsieur le vicomte de Thouars, comte de Guyene, de Re et Tallemont, par devant nous Jean Charrer prêtre et Pierre Camus, clerc, tous deux jurez notaires et passeurs de la ditte cour, fut present et personnellement établi Etienne Moricea paroissien de Challans, demourant au bourg du dit lieu de Challans, lequel bien acertainé et advisé, sur ce instruit et délibéré de son propre mouvement, de sa bonne pure, simple libérale et absolue volonté, sans contrainte, ni pensée de fraude ou machination, mais parce que très bien lui a plu et encore plait, a connu, confessé et par ces présentes connait et confesse avoir donné, octroyé, cédé et transporté à perpétuité et à jamais, au titre de bonne, pure, simple et absolue donoyson, faite entre vifs et sans espérance d'ycelle jamais révoquer par vice de ingratitude, ne autrement, à la fabrice de l'église paroissiale du dit Challans et ès paroissiens d'ycelle dite église asçavoir est le nombre et somme de huit Boisseas de froment et cinq Boisseas de sègle, que lui doivent et sont tenus rendre et payer par chacun an perpétuellement en chacune feste de Saint Michel Archange, ou quoi que ce soit une fois en l'an, les personnes qui s'en suivent, sçavoir est Gilles Nau, demourant au village de la Voyrie, deux boisseas de froment et deux boisseas de sègle; Pierrot Benest, demourant au Guy du village de la Bauducière, un boissea de froment et un boissea de ségle; Simon Fradin un boissea de ségle et Gilles Fradin un boissea de ségle, pour raison de certains héritages et terres que tiennent et exploitent les dessus dits ; et lesquels huit boisseas de bled de rente par dessus déclarez, le dit Etienne Moricea avait autrefois eu et acquis de Pierre Micolas, seigneur de la Bauducière, comme appert plus à plein par les écrits de la dite vendition. C'est a sçavoir pour que le dit Etienne Moricea et ses parans et amis défunts seront participans à jamais perpétuité, en prières, commémoraisons et bienfaits de la dite fabrice et des paroissiens de la dite église et aussi pour que le dit Etienne Moricea soit et demoure quitte à jamais perpétuellement et ses hoirs, héritiers et successeurs, envers la dite fabrice et les paroissiens de la dite église, de la somme de deux boisseas, mesure susdite, sçavoir est un boissea de froment et un boissea de sègle, de perpétuelle ferme ou rente que le dit Etienne Moricea devoit et est tenu rendre et payer à la dite fabrice, par chacun an perpétuellement, pour

raison de certains héritages et terres qu'il avait et tenait le dit Moricea,
assis au village de la Juisière, paroisse du dit lieu de Challans, à l'entour et
environ du dit village, lesquels héritages ci-devant susdits furent autrefois à
feu Jean Perret, l'aîné, en son vivant demourant au dit village de la
Juisière..... pour user, jouir, lever, prendre, recevoir, quérir, poursuivre et
demander les huit boisseas de bled de rente par dessus déclaroz, les dits
procureurs et administrateurs de la dite fabrice et leurs successeurs qui
seront procureurs et administrateurs pour l'avenir et ceux qui d'eux auront
cause, dès ors en avant perpétuellement, paisiblement, franchement, quitte-
tement, cédant et transportant le dit Etienne Moricea pour lui et les siens à
la dite fabrice et aux procureurs et administrateurs d'ycelle pour l'avenir,
tous les droits de propriété, noms, raisons, actions, prétentions, causes
générales, exécutions, saisines et possessions quelconques, qu'il avait et
avoir pouvait et devait ès dits huit boisseas de bled de rente susdite,
ainsy et par la sorte que la lui avait vendu, cédé et transporté le dit
Pierre Nicolas et s'en est dévêtu, désaisi de plein droit et de plein fait,
lui et les siens et ladite fabrice et les procureurs et administrateurs d'ycelle
en a vêtu et saisi et fait constitué et ordonné et établi vrais seigneurs, propriétaires et possesseurs, comme de leurs propres choses et leur en promet
bailler une saisine utile et directe et perpétuelle possession et déjà la leur a
baillé réellement et de fait mesmement pour le bail et octroy de ces présentes,
et par ces présentes mande et commande le dit Etienne Moricea pour lui et
les siens aux dits Gilles Nau, Pierrot Benest, Simon Fradin et Gilles Fradin,
qui doivent la dite rente de bled par dessus dénommée et déclarée et à chacun
d'eux que des ors en avant ils baillent, rendent et payent les dits huit
boisseas de rente susdite à la dite fabrice et aux procureurs et administrateurs d'ycelle par chacun an, perpétuellement, en chacune feste susdité et le
dit Moricea les en quitte perpétuellement, sans jamais leur en faire actions,
questions, ne demandes pour l'avenir.....

Fait et donné le 12ᵉ jour de novembre 1458.

Signé : J. Charrer et F. Camus.

XIX. — 1460

Achat, par la fabrique, d'une rente d'un boisseau de froment
sur la maison et les terres de la Morinière.

Sçachent tous qu'en la cour du scel jadis établi aux contrats à St-Gilles-
sur-Vie, duquel on usait à présent, pour très noble et très puissant seigneur,
monseigneur le vicomte de Thouars par-devant Jean Camus, clerc juré, no-

taire et passeur de la dite cour, fut présent et personnellement établi en droit, Perrine Seigneuret, par congé et licence de Jérôme Vraignea, son seigneur époux, lequel l'a solennellement autorisé, en forme de droit et le dit Jerôme Vraignea, portant que lui touche à cause de sa dite femme, lesquels conjoints, d'une volonté et d'un commun assens, renoncent au bénéfice de division, de leur bon gré et sans aucun parforcement, connurent et confessèrent avoir vendu, baillé, livré, octroyé, célé et transporté, à jamais perpétuellement à Pierre Hervé et à Colas Achart, tous deux à présent procureurs et administrateurs de la fabrice de l'église paroissiale de Notre-Dame de Challans, présents, stipulans et acceptans le dit contrat de vente ou achapt, pour et au profit de la dite fabrice perpétuellement asçavoir est un boissea de froment, mesure de Comquiers et mesure marchande, bon bled novea et marchand, d'annuelle et perpétuelle somme ou rente que devait ès dits conjoints et était tenu rendre et payer Jean Corjau le jeune de la Morinière, perpétuellement par chacun an, en chacune feste de saint Michel archange, pour raison de l'affermation et arrentements de certains héritages et domaines, autrefois baillez, affermez et arrentez par les dits conjoints au dit Jean Corjau, comme plus à plein appert par les lettres du dit arrentement, faite la dite vendition du dit boissea de froment de rente sus dite, pour le prix et somme de quarante sols en deniers monnoye courante une fois payé, laquelle somme de monnoye sus dite, à l'autorité ès cas que dessus, eurent et reçurent tout présentement des dits Hervé et Achart, procureurs et administrateurs susdits de la dite fabrice, par les mains de moy susdit notaire et s'en tinrent pour contens, pour satisfaits et bien payez et en quittèrent les dessus dits et les leurs perpétuellement, sans jamais leur en faire aucunes questions, actions ni demandes pour l'avoir, renoncent sur ce les dits conjoints à toute exception de pécune d'or ou d'argent non baillée, non payée, non nombrée, non eüe et non reçüe.

Le 4ᵉ de novembre 1460.   Signé : Camus.

XX. — 1470

Donation par moitié de 4 journaux de pré aux églises
de Challans et du Perrier.

Sçachent tous présents et avenir qu'en la cour établie aux contrats, au doyenné d'Aizenay, vint à la table épiscopale du révérendissime père en Dieu, Monseigneur l'Evêque de Luçon, fut présente et personnellement établie, par devant Mᵉ Jean Dolbeau, prêtre, juré notaire et passeur de ladite cour, Guillemette Gobin, majeure, veuve de défunt François Regnaudineau, son mary et seigneur, époux en tems qu'il vivait, laquelle de son bon gré, pure et absolüe volonté, sans contrainte, ni admonestement d'aucuns, mais parce que très bien lui plaisait et encore plait, cognut et confessa, connait et confesse soy avoir donné, cédé et transporté et par ces présentes donne, cède et transporte à jamais perpétuellement par elle et les siens, par pure, simple et irrévocable donoyson faite entre vifs et sans espérance de jamais la révoquer, ès fabrices des églises paroissiales de Saint-Sauveur du Marais du Périer et de Notre-Dame de Challans et chacune d'elles par moitié, moy le dit notaire présent, prenant, acceptant et stipulant pour et en nom des dittes fabrices et de chacune d'ycelles, le dit don et transport, sçavoir est, quatre journaux de prez en une place, assise et située la dite place de prez en la paroisse du marais du Périer, en l'enclause du pays bas, en fief du commandeur des Habittes, franche et quitte la dite place de prez en payant chacun an, en chacune feste de Toussaint au dit commandeur treize deniers, et tient d'une part la chaussée de l'estier qui départ les paroisses du dit lieu du marais du Périer et de Salartaine et d'autre au prez du seigneur de Boisfossé et d'autre au prez Cochet d'Apremont et d'autres aux prez d'Etienne Billon, pour être à jamais perpétuellement ès recommandations et bienfaits des fabrices des dites églises, prières et oraisons des processions d'ycelles et de chacune, pour yceux quatre journaux de prez dessus divisés et déclarez, avoir, tenir user, posséder et exploitter doresnavant, perpétuellement, franchement et quittement, les fabriqueurs, entremetteurs et procureurs des dites fabrices et de chacune d'ycelle moitié par moitié, tout et incontinent par tems le deceds de la dite Guillemette Gobin et en a cédé et transporté, cède et transporte à perpétuité la dite Guillemette Gobin, pour elle et les siens ès dites fabrices et chacune dès à présent, comme pour lors, tous les droits de propriété, nom, raison, actions, gestion, seigneurie et possession et saisine, qu'elle y avait, avoir, pouvoit et devait, et qui lui pouvait et devait competter et appartenir, pour ce que ses hoirs, héritiers et successeurs y ayent jamais rien à querre ni demander, par tems sa mort et decès, et les procureurs, entremetteurs et fabriqueurs des dites fabrices qui pour lors seront, en a fait, ordonné et établi dès à présent comme pour lors, pour et en nom des dites fabrices, vrais seigneurs, propriétaires, acteurs, pourvus, possesseurs et demandeurs, comme du domaine et heritage d'ycelles et de chacune, et yceux et chacun d'eux les a mis et induit en vraie saisine et possession, réellement et de fait par le consentement et octrois des présentes lettres et de ce présent don et transport, la dite Guillemette a promis et promet, doit et est pour elle et les siens et qui d'elle auront cause, avoir, faire, tenir et continuer perpétuellement garder et accomplir, sans jamais faire ni venir au contraire par elle ni par autres, en tems avenir, par vöie d'ingratitude ni autrement, sous l'obligation d'elle, ses héritiers et successeurs de tous et chacuns ses biens meubles, immeubles et héritages venus et à venir quelconques, la foi et serment de son propre corps sur ce solennellement donné, de ne jamais faire ni venir au contraire, des choses devant dites, en témoin desquelles choses et chacune d'ycelles, la dite Guillemette Gobin en a donné et octroyé, donne et octroye ès fabrices des dits lieux et églises de St-Sauveur du Marais du Périer et de Notre-Dame de Challans. Ces présentes lettres signées du seing manuel de moy le dit notaire et scellées à sa supplication et requeste du scel établi aux contrats au dit doyenné, par et sous le jugement de laquelle cour la dite Guillemette Gobin, de sou consentement et volonté, a été jugée et condamnée et de l'autorité de la cour du dit scel admonestée suffisamment et canoniquement par moy notaire susdit.

Ce fut fait, présents témoins Marc Marthineau et Jean Brissonneau, du dit lieu de Saint-Sauveur, le 21e de janvier 1470.

Signé : DOLBEAU.

XXI. — 1470

Fondation de trois « grandes messes, à Nottes. »

Sçachent tous présents et avenir qu'en la cour du scel établie en la chatellannie de Commequiers pour noble et puissant seigneur, messire Louis de Beaumont chevalier seigneur de la Forest, du Plessis-Macé et du dit lieu de Commequiers ; par devant moy Pierre Hervé juré, passeur et notaire d'ycelle, ensemblement en la cour du scel établie ès contrats au doyenné d'Aizenai, à la table épiscopalle de révérend Père en Dieu, Monseigneur l'évêjue de Luçon, devant moy Gilles Caillaud, prestre, juré, notaire et passeur d'ycelle, et en chacune des dittes cour, sans que l'exécution de l'une puisse nuire et empêcher l'exécution de l'autre, mais soient l'une pour l'autre, plus ferme et tenable en tout cas et se puissent les dites parties aider et jouir de chacune des dites cours, touttes et quantes fois que nécessaire sera : furent présents et personnellement établis en droit Guillaume Pinson, marchand, d'une part, et Jehan Martineau et Marie Guignaudelle, sa femme, avec l'autorité et consentement du dit Martineau, à laquelle quant à ce suffisamment autorisée du dit Martineau, partant qu'il lui convient à cause d'elle, d'autre part, lesquelles parties et chacun d'eux à ce qu'à chacun touche à cause que dessus, de leur bon gré et sans aucun, parforcément, connoissent et confessent avoir entre eux fait et passé échange et permutation perpétuel dès chouses qui ensuivent, en la forme et manière qui ensuivent, c'est a sçavoir qu'ycelluy Guillaume Pinson a baillé et octroyé ès dits Jehan Marti-

neau et Marie Guignaudelle sa femme à cause d'elle, en nom d'échange à
tenir et exploiter d'eux, les leurs, successeurs et de ceux qui d'eux à cause
d'elle auront cause, sçavoir est une ouche de terre vulgairement appellée
l'Ouche de la Barbère, assis en fief de Commequiers en la paroisse de Challans, tenant d'une part au pré de deffunt Nicollas Bouet et d'autres ès bois
de M. du dit lieu ; et d'autres côtés ès domaines et héritages Nicolas Girard
et un chemin entre deux, et d'autre au pré de la chapellannie de Saint-Eutrope, fondée en l'église de Challans, franche la dite ouche, consistant en
deux charruyes, en payant par les dits Martineau et sa femme et ceux qui
d'eux à cause d'elle auront cause un denier de cens et le surplus entretenir
le terage, sçavoir la sexte partie des fruits croissants en ycelle, et en outre
en faisant faire, dire, et célébrer par le curé du dit lieu de Challans trois
messes à nottes, et une vigille des morts de neuf leçons, pour les dits Jehan
Martineau et Marie Guignaudelle, sa femme, autorisée comme dessus, ont
baillé, octroyé au dit Guillaume Pinson, à tenir, exploiter, à luy et ses héritiers et successeurs et de ceux qui de luy auront cause, sçavoir en retour et
récompense de la dite ouche, à sçavoir est deux charuyes de terre en trois
pièces, assis en fief de M. de Commequiers, apellée les Minées, tenant la
première des dites pièces de terre de Jehan Bordier et d'autre au jardin et
verger de deffunt Etienne Moriceau, et l'autre des dites pièces, tenant d'un
bout à la dite terre dessus déclarée, un chemin entre deux, et d'un costé à
la terre du dit Bordier et la dernière des dites pièces tenant d'une part ès
terres de Jehan Bordier et d'autre à la route comme par laquelle l'on va de
Challans au Chambourg ; et d'un bout ès garennes de mon dit seigneur de
Commequiers ; en payant par le dit Pinson et ceux qui de luy auront cause
la sixte partie des fruits croissant ès dites terres et en outre tenir chacunes
les autres clauses, charges, dûs par dessus ; lesquelles chouses ainsy baillé
en échange, l'une partie à l'autre, les dites parties. Chacun d'eux, partant
que chacun touche ès noms et causes que dessus et en ont promis, baillé,
chacune partie à chacun, vraie saisine et perpétuelle possession, et déjà en
ont baillé, chacune partie à l'autre, réellement et de fait, par la tradition et
accordance de ces présentes lettres, et en ont ceddé et transporté, chacune
partie à l'autre pour eux et pour ceux qui d'eux auront cause tous les droits
de propriété, de saisine, noms, raisons, actions, prétentions, causes, qu'y-
celles requestes quelconques qu'ils avaient ès dites chouses baillée et échan-
gée, de l'une partie à l'autre, et les successeurs, doivent et sont tenû garentir,
délivrer et deffendre chacune partie à l'autre, envers tous contre tous, de
tous troubles, empeschements, perturbation, obligation et alliénation quelconques, sous l'obligation, d'eux et de chacun d'eux, de leurs héritiers
et successeurs et de tous et chacun leurs biens meubles et ymeubles,
héritages quelconques présents et avenir, le serment de leurs propres corps

et de chacun d'eux sur ce donné corporellement, à tenir le contenu des présentes, empêcher, nuire, ne faire contre la teneur des substances et matière de ces présentes letres en temps avenir, sous la salvation de leur dit serment, plainement instruit de toutes les raisons et allégpation que du droit et fait, d'usage et de coutume du pays leur pourraient aider à venir ou faire encontre la teneur de ces substances et matières de ces présentes lettres en tems avenir, la dite Marie autorisée comme dessus au droit de Vileguain et l'épitre *« divi a diviani »* et à tous autres droits introduits en faveur des femmes... En témoins desquelles chouses dessus nommées, les dites parties en ont donné et octroyé, chacune partie à l'autre pour eux et les leurs, cette présente letre double, de leur consentement et à leur requeste, les sceaux dessus dits. Et en fut fait, donné, passé, jugé et condamné et a lmonesté par nous les dits jurés sous les jugements des cours des dits sceaux, le 10ª jour de juillet, l'an 1470.   Signé : CAILLAUD.

XXII. — 1471

Donation de deux journaux de pré.

Sçachent tous présents et avenir que la cour du doyenné d'Aizenais, tenant à la table épiscopalle de Révérend Pere en Dieu et seigneur, Monseigneur l'Evesque de Luçon, pardevant nous Jehan Fixon et Jehan Brunéteau prestre, tous deux jurés, passeurs et notaires de la dte cour, en droit fut présent et personnellement établi Jehan Crochet, clerc, demeurant en bourg de Challans, lequel de son bon gré, pure et absolue volonté et sans aucun parforcement et parce que ainsy luy a plû et plait, pour des causes cy-après déclarées, désirant le salut de son âme en voulant le bien et augmentation de l'église paroissiale de Notre-Dame de Challans, connut et confessa avoir donné, baillé, légué, octroyé, cedéé, délaissé et transporté et par la teneur de ces présentes letres, donne, bailla, lègue, octroye, cedde, délaisse et transporte à toujours, perpétuellement et perpétuel héritage, par titre de don, cession et transport perpétuel et irrévocable à la dite fabrice et église paroissiale du dit lieu de Challans ; et sont les dits notaires preneurs, stipulant, acceptant pour la dite fabrice et église et qui cause auront d'elle, sçavoir est deux journaux de prés, assis et situés en fief des Bouchauds en la paroisse de Salartaine et tenant les deux étiers, appellé l'un des dits prés le pré Louet et l'autre le pré des Hercelles, tenant d'une part à la Charaud Frappel, auprès du pré Gourdeau, d'autre au pré qui fut du sieur du Breil et est à présent à la dite fabrice de Challans, d'autre à la dite Charaud du pré du dit Gourdeau et d'autre à un exercice du pré des Morandières, un fossé entre deux, et d'autre au pré de la Guyonnière ; c'est à scavoir pour être ès prières, recommandations, oraisons et bien faits de l'église du dit lieu de Challans et des paroissiens d'ycelle, tant luy que ses parents et amis, pocesseurs en tems avenir, à avoir, tenir, user, posséder, et exploiter les dits deux journaux de prés, dessus nommés, déclarés et coufrontés, la dite fabrice et qui cause aura d'elle, désormais, et, avant perpétuellement, paisiblement, quittement, en payant les derniers féodaux dù chacun an sur les dits deux journaux de prés confrontés, le dit Jehan Crochet, clerc, tant pour luy que pour ceux qui de luy auront cause perpétuellement, en a ceddé et transporté à la dite fabrice et qui cause aura d'elle tous les droits qu'il avait et avoir pouvait et devait ès dits deux journaux de prés dessus dits et s'en est dépouillé et dessaisi et en a vestu et saisi la dite fabrice et qui cause aura d'elle et l'en a fait, constitué et établi vrai pocesseresse et partant comme de propre domaine et héritage de la dite fabrice.... tenu faire gariment des chouses par luy baillé et donné et nonobstant le dit Crochet, clerc, pour les causes que dessus a promis, doit et est tenu par ces présentes pour luy et les siens perpétuellement délivrer et deffendre à la dite fabrice et qui cause aura d'elle les chouses dessus nommées, et déclarées, de tous troubles et empêchements envers et contre toutes personnes quelconques, en payant et acquittant les deniers féodaux, comme dit est, auxquelles chouses susdites et chacune d'ycelles, tenir, garder, entretenir et accomplir perpétuellement, fermement et loyalement de point en point sans jamais faire aller ny venir en contre, ledit Crochet clerc, tant pour luy que pour ceux qui de luy auront cause, a obligé et oblige luy et ses hoirs, héritiers et successeurs et tous et chacun ses biens et immeubles et héritages quelconques, la foy et serment de son propre corps, sur ce donné et juré ; renonce le dit Crochet clerc en ce son fait, sous la vertu de son dit serment, plainement instruit à toutes exception de déception, de mal, de fraude, barats, laisions, reconvention, allusion à tout droit écrit et non écrit, à tous rescripts, statuts, établissement de Roy ou d'autres princes sur ce donné ou à donner, impétré ou à impétrer, et généralement à touttes et chacune exception, causes, faits, raisons, alléguations, oposition, contéstation, ordonnance quelconque, et au droit de la générale renonciation, non valloir sy elle n'est expresse, et le dit Crochet clerc, de son consentement, volonté et à sa requeste, on a voulu être jugé et condamné par la juridiction de la dite cour, par nous les dits jurés, le 2e jour de décembre 1471.

Signé : Fixon et J. Brunetrau, notaires.

XXIII. — 1472

Donation d'une boisselée de terre..

Sçachent tous présents et avenir que par Nicolas Morisseau, clerc, notaire juré de la cour de Touars, pour le Roy, notre sire, aux contrats, une clause du testament codicille ou dernière volonté que firent, ordonnèrent en tems de leur vie, Jehan Coëtaud le jeune et Thérèse Billonne, sa femme, en la présence de moy notaire susdit et de messire Pierre Baudet prêtre, dom. le 26° jour de novembre l'an 1472, appartenant la dite clause à la fabrice de Notre-Dame de Challans, de laquelle la teneur s'ensuit. C'est asçavoir une pièce de terre contenant une boisselée, assis en fief de la Voirie, tenant d'une part aux terres de Jehan Bodin, d'autre au chemin de la Rassionnière laquelle terre le dit Jehan Coëtaud et sa femme ont donné et légué à la dite fabrice, c'est asçavoir pour être à jamais perpétuellement participants ès prières et biens faits de la dite fabrice. Fait et donné par coppie et colation faite à l'original par moy le dit notaire et scellé du scel de la dite cour, avec mon seing manuel aposé, à plus grande confirmation des chouses dessus dites.

Le 19° jour de septembre l'an 1477.

Signé : MORISSEAU.

XXIV. — 1476

Donation de deux boisseaux de froment de rente. .

Sçachent tous présents et avenir que je Nicolas Morisseau, nottaire, passeur juré du scol établi aux contrats à St-Gilles-sur-Vie, duquel on use en droit, pour le Roy, notre sire, ai extrait une clause du testament codicille ou dernière volonté que fit et ordonna en tems de sa vie, Pierre Nicolas, en son vivant s' de la Bauduclère, en la présence do moy nottaire susdit et de Laurent Pennart, le 18° jour de juin 1476, rapportée la dite clause au prieur, curé, fabrice de Notre-Dame de Challans, de laquelle la teneur s'ensuit : *Item*, je donne et légue à jamais perpétuellement au prieur, curé et fabrice de la dite église, pour et afin qu'ils souffrent que je sois mis et enterré devant le crucifix de la dite église, aussy pour et afin que je sois ès prières et bienfaits des dits prieur, curé et fabrice et chaqu'un d'eux pour la tierce partie de deux boisseaux de froment d'annuelle et perpétuelle rente que sont tenu payer chacun an en chacune feste de saint Michel archange, sçavoir l'un Guillaume Chauvin et l'autre Clément Bonnion, à cause de la Regnault, sa femme, auxquels Chauvin et Bonnion je commande que doresnavant ils payent et continuent chacun an perpétuellement les dits deux boisseaux de froment au dit prieur, curé et fabrice, chaqu'un d'eux pour la tierce partie et je promets les en tenir quittes à jamais perpétuellement. Fait et donné copie et collation faite à l'original par moy le dit nottaire et passeur du scel dessus dit, avec mon seing manuel, à plus grande confirmation des choses dessus dites, le 7e jour d'octobre l'an 1477.   Signé : MORISSEAU.

, XXV. — 1482

Achat d'une pièce de terre et de deux journaux de pré qui doivent revenir à la fabrique par testament (Voir plus loin le N° XXXV).

Sçachent tous présents et avenir que en la cour du scel établi aux contrats en la chatelainie et seigneurie de Comquiers, pour très noble et puissant seigneur Thibaud de Beaumont, écuyer, seigneur du Plessis Macé, de la Forêt-sur-Sèvre, d'Apremont et du dit lieu de Comquiers, pardevant moi Jean Buronneau, clerc, notaire juré, passeur de la dite cour, fut présent et personnellement établi en droit Jean Rousseau, à présent demeurant au Breuil, paroisse de Challans, lequel à ce non contraint, non circonvenu, ni par force, ni par aucune fraude ou machination de tricherie, à ce induit, mais parce que très bien lui plaisait et encore plaît, de sa bonne, pure et agréable volonté a connu et confessé et par la teneur de ces présentes connoît et confesse avoir vendu, baillé, livré, octroyé, cédé et transporté et par la teneur de ces présentes, vend, baille, livre et octroie, cède et transporte à toujours perpétuellement et à perpétuel héritage, par titre de vendition, cession et transport perpétuel, sans jamais le révoquer à Pierre Mossart, marchand, demeurant au bourg de Challans, présent, stipulant et acceptant celui contrat de vendition et d'achat et tant pour lui que pour les siens et pour ceux qui de lui auront cause, aççavoir est une boisselée de terre assise eu fief de Grimaudre, près du grand moulin de Soulans, tenant d'une part à la terre de Michau Barbotin et d'autre à la terre de Colas Barrillon, d'un bout au chemin qui conduit de Soulans à l'étang, d'autre au cortil de Jean Audouyn, franche et quitte la dite boisselée de terre en payant et acquittant par le dit Mossard ou par les siens à jamais perpétuel la sixte partie des fruits croissant en ycelle, la dite vendition faite par le dit Rousseau au dit Mossard pour le prix et somme de trente-cinq sols, le 23e de septembre 1482.

Signé : BURONNEAU.

XXVI. — 1485

Echange d'une rente d'un boisseau de blé, qui plus tard
a été léguée à l'église.

Sçachent tous présents et avenir que en notre cour de Comquiers, pardevant moy Barthélemi Barber, juré, passeur et notaire d'ycelle, ont étez présents et personnellement établis en droit vénérable homme messire Jean Charrer, prestre demeurant au bourg de Challans d'une part et Jean Martinea, Micheau et Gillette Martinea ses enfants, par l'autorité du dit Martinea leur père, par lui sufisament autorisez quant à ce qui s'ensuit, lesquelles parties, chacune d'elles pour tant qn'à chacune touche, ont fait, passé et accordé entre elles les échanges et permutations perpétuelles qui s'ensuivent ainsi en la forme et manière qui s'ensuit, sçavoir est iceluy Charrer, pour luy ses héritiers et successeurs et ceux qui de lui auront cause, a baillé, octroyé, cédé, délaissé et transporté à jamais perpétuellement au dit Martinea et ses enfants à ce présents, stipulant et acceptant en titre du dit échange perpétuel scavoir est un boisseau de froment de rente annuelle et perpétuelle, mesure de Comquiers, à quoi lui est tenu Girard Soucher à cause de ses enfants, comme héritiers de Mathurin Barillon de l'Abloire, ainsi qu'il appert par lettres sur ce faites et passée, rendable et payable, chacun an, en chacune feste de saint Michel Archange, où quoi que ce soit une fois en l'an yceluy Martinea et ses enfantt ont baillé, octroyé, cédé, délaissé et transporté à jamais perpétuellement en perpétuel héritage au dit Charrer à ce présent, stipulant et acceptant pour lui, les siens et ceux qui auront cause de lui, perpétuellement au dit titre d'échange, sçavoir est une boisselée de terre ou environ assise en fief de Mer de Comquiers, tenant d'une part ès terres du dit Charrer, et d'autre les Bregeons de Michau Rolland et d'autre au chemin de Challans et d'autre à la terre et bois de la Chapelanie de Saint-Eutrope, franche la dite boisselée en payant par chacun an quatre deniers de cens tant seulement à Mer de Comquiers, scavoir tenir, prendre, user, posséder, et exploiter des dites parties chacune d'elles de leurs hoirs, héritiers et successeurs et ceux qui d'eux auront cause doresnavant, perpétuellement, paisiblement, franchement et quittement et sans aucuns contre dits ni empêchement les dites choses demeurent à elles par ce présent contrat et échange, cèdent et transportent les dites parties l'une à l'autre pour eux et les leurs, les droits de propriété, noms, raisons, actions, saisines et possession, chacune que les dites parties y avaient et avoir pouvaient et devaient ès dites choses ce 29e jour du mois de mars 1485.

Signé : BARBER.

XXVII. — 1485

Legs d'un boisseau de froment.

Scachent tous présents et avenir qu'en la cour du scel établi ès contrats en la châtelanie de Comquiers, pour très noble et puissant seigneur Thibaut de Beaumont, seigneur de la Forest-sur-Sèvre, du Plessis-Macé, et du dit lieu de Comquiers, pardevant moi Barthelemi Barber, notaire d'icelle et aussy en la cour du scel établi ès contrats en l'archidiaconné d'Aizenay, pour vénérable et discrette personne, Monsieur l'archidiacre du dit lieu, pardevant moi Jean Brunetea prêtre, notaire d'icelle, sans que l'exécution de l'une des dites cours puisse nuire, préjudicier, ni empêcher l'exécution de l'autre, mais seront l'une par l'autre plus honnètes, corroborées et tenables en tous cas, a été présent et personnellement établi en droit Jean Martineau, marchand, demeurant au bourg de Challans, lequel de son bon grez, pure et absolue volonté et sans aucun parforcement, mais seulement de son propre mouvement, parce que très bien, lui a plu et encore plait, a connu et confessé et par ces présentes, connait et confesse avoir donné et légué à jamais perpétuellement pour lui et les siens à la fabrice de l'église de Challans pour ayder à l'entretenement d'icelle, sçavoir est un boisseau de froment, mesure de Comquiers, à lui dû de rente annuelle et perpétuelle chacun an en chacune feste de St-Michel archange, ou quoi que ce soit une fois l'an, par Girard Soucher, à cause de ses enfants, comme héritiers de feu Mathurin Barillon, lequel boisseau de froment ledit Martineau a naguère eu par échange de défunt messire Jean Charrer, prêtre, pour une certaine pièce de terre, ainsy qu'il peut plus à plein apparoir, par les lettres d'icelui échange, fait et passé entre le dit Charrer et Martineau, lequel don et legs dudit boisseau de froment, Pierre Mossard, fabriqueur de la dite église et fabrice à ce présent à prins, stipulé et accepté en nom et comme fabriqueur susdit et de ses successeurs fabriqueurs et au profit de la dite fabrice, du consentement et volonté du dit Martineau, de ce faire le requérant pour en jouir par lui et au nom susdit et par ses successeurs fabriqueurs susdits, au profit de la dite fabrice, doresnavant, perpétuellement, paisiblement, franchement et quittement et sans aucun empeechement, n'être jamais fait question, ni demande par ledit Martineau en tout tems avenir, fait le dit don et legs par le dit Martineau à la dite fabrice pour être à jamais perpétuellement lui et défunte Marie, son épouse en son vivant et tous leurs parents et amis trépassez participans ès prières, oraisons et biens faits, en la dite église et pour ce icelu Martineau a cédé et transporté, et encore par ces présentes cède et transporte à la dite fabrice la seigneurie, perpétuelle saisine, nom, raisons.

Le 23ᵉ jour d'octobre 1485.   Signé : BARBER.

XXVIII. — 1490

Testament de Nicolas Grenon qui veut s'assurer, après sa mort, les prières de l'église.

Au nom du Père, et du Fils et du St-Esprit. Amen. Je Nicolas Grenon, demeurant au bourg de Challans, detenu de maladie corporelle, combien que par la grâce de mon Créateur, je sois sain d'entendement et connai-sance; considérant que les maladies corporelles sont dangereuses, aussy qu'il n'est chose plus certaine que la mort, ni chose plus incertaine que l'heure d'icelle, et que chaque personne venant en ce monde doit en acquitter le droit de nature, une fois mourir, ne voulant décéder sans ordonner de mes biens que Dieu m'a donné en ce monde, fais et ordonne et devise mon dernier testa-ment et volontés dernières, par la forme et manière qui s'ensuit : première-ment je recommande mon âme à la glorieuse Trinité, à la benoite glorieuse vierge Marie et tous les saints et saintes du Paradis, et mon corps, emprès que l'âme en sera séparée sera mis à la sépulture de la sainte Eglise, laquelle sépulture j'élis en cimetière de l'église paroissiale du dit Challans, près du balet, endroit du vitrail du dit balet de la dite église, emprès, je veux et or-donne que toutes et chacune mes dettes, si aucune j'en ai après mon décès, soient payées par mon exécuteur cy-emprès à nommer ; *Item*, je veux et or-donne que le jour de mon obit et septième soit dit et célébré, pour le salut de mon âme, le nombre de quatre-vingts messes, asçavoir est quarante le dit jour de mon obit, desquelles je veux qu'il en soit dit trois à notes avec diacre et sous-diacre, aussy vigile des morts avec les litanies et autres suffrages et répons accoutuméz être dits en sainte église pour les trépassés, et les autres quarante, au jour de mon septième, desquelles, semblablement en sera dit trois à notes solennellement avec vigile, lequel septième, je veux et ordonne que le dit exécuteur fasse faire dès dix-huit jours emprès mon obit ;

Item je donne et lègue à jamais perpétuellement au curé et aussy à la fa-brique et église dudit Challans pour en jouir perpétuellement moitié par moitié, les notaires cy dessous écrits présents, prenants, stipulants et ac-ceptans, pour les dits curé et fabriqueurs et leurs successeurs, curés et fa-briqueurs de la dite cure et église, sçavoir est deux charruyes de terre labou-rable étant en fief Gachard et en une pièce, sçavoir est une charruye au dit curé pour dire ou faire dire à jamais perpétuellement tous les dimanche de l'an un répons de l'office des trépassés sur ma fosse, et l'autre à la dite fa-brique pour être perpétuellement ès prières et bienfaits de la dite fabrique et des paroissiens du dit lieu et aussy pour acquitter les charges et devoirs dus pardessus et tenant les dites terres d'une part à l'ouche d'André Blois, d'autre aux terres de Pierre Mossard, d'un côté au pré ou ouche de Pierre Doussin, d'autre côté aux terres de Pierre Hervé qui furent de Gilles Chauvet ; *Item* en outre je donne et lègue à la dite fabrique du dit Challans, pour être ès prière d'icelle, six journaux de prez ou environ, situez en la paroisse de Salartenne, vulgairement appelez les prés de la Roche ; tenant d'un des côtés aux terres des héritiers de feu Harnavin, et d'antre à une charau par où l'on vient de la maison de Giont à la grande charau par où l'on vient de lr maison André Augertan à l'église de Salartenne et d'un bout au pré Aubineau et d'autre bout à la charau et aussy pour acquitter en outre les cens et devoirs dus par dessus les dits prés.

Passé au bourg de Challans, le 7e jour de mars l'an 1490.

Signé : Barber et Bodin.

XXIX. — 1491

Donation faite par Guillaume Trevit à la fabrique de Challans d'une charruye de terre pour fonder une messe, chaque année, le jour de la Saint-Marc.

Sçachent tous présents et avenir qu'en la cour de vénérable homme, sage et discrette personne, Monseigneur l'archidiacre d'Ayzenais, par devant moy Gabriel Bodin, prêtre, notaire juré et passeur d'ycelle, a été présent et personnellement établi en droit Guillaume Trevit, demeurant à présent en l'Isle de Ré, ainsy qu'il dit, lequel de son bon gré, pure et absolue volonté et sans aucun parforcement, a baillé, coddé, et délaissé, légué et transporté à jamais perpétuellement pour luy et les siens et ceux qui de luy auront cause, à la fabrice de l'église paroissiale de Notre-Dame de Challans, moy notaire ausdit stipulant et acceptant pour les fabriqueurs et procureurs de la dite fabrice et pour ceux qui seront en tems a venir, sçavoir est une charruye de terre assis en fief de la Chauvière, tenant d'une part au chemin qui conduit de la garenne de Boisfossé au gué de Logerie, d'un côté à l'aire des Naullets.... pour jouir de la dite charruye de terre incontinent après le déceds de Simone Trevit sa sœur, veuve de défunt Jean Sellier, faite la dite cession par le dit Trevit à la dite fabrice, pour être à jamais participants luy et ses parents tant vifs que trépassés, ès prières de la dite fabrice, pour payer les deniers dûs pardessus; et aussy pour et afin que les fabriqueurs de la dite fabrice fassent dire à jamais perpétuellement par chacun an le jour de saint Marc évangéliste, une messe pour le salut et remède de l'âme du dit Trevit et de ses parents tant vifs que trépassez, et avoir, tenir, prendre, posséder, et exploiter incontinent rès le déceds de la dite Sellier, par les dits fabriqueurs de la dite fabrice,

la dite charruye de terre dessus dite, et promis paisible, franchise et gariment, du consentement du dit Trevit, lequel pour luy et les siens a cedd et
transporté, ès fabriqueurs et procureurs de la dite fabrice tous les droits,
nom, raison, action, présents et futurs qu'il y avait, et pouvait avoir et devait,
et s'en est dévestu et dessaisi et en a vestu et saisi les fabriqueurs et procureurs de la dite fabrice, mis et induit en bonne pocession, saisine réelle
et actuelle mêmement par le bail et octrois de ces présentes et a voulu et consenty que la pocession qui était à la dite Seiller durant sa vie, soit pour et au
nom de la dite fabrice et a prins et prend le dit Guillaume Trevit pour luy et les
siens, garder, garentir, deffendre et empêcher ès fabriqueurs et procureurs de
la dite fabrice la dite charruye de terre dessus confrontée, de tous, vers tous et
contre tous de tous troubles et empêchement quelconque..... et à tout ce
que dit est faire tenir et accomplir perpétuellement, fermement et plainement
sans jamais faire ni venir en contre, le dit Trevit a obligé et oblige luy et les
siens et ses ayants cause et tous et chacun ses biens meubles et ymeubles
présents et avenir quelconque et renonce à tout ce qui tant de droit que
d'uzage, coutume de pays que autre luy pourrait ayder, servir et autres
mesures avenir ou faire venir contre ce que dessus est dit, à tout droit écrit
et non écrit, canon et civile et au droit dessus généralement, reconnait non
valloir sy elle n'est expresse, sous la foy et serment de son propre corps sur
ce donné et juré de non jamais faire ni venir par luy ny par autre, contre
l'effet et substance de ces présentes mais de les tenir de point en point sans
en fraindre et ce fut le dit Guillaume Trevit, de son consentement et volonté
et à sa requeste, jugé, condamné et dûment admonesté en triple munition,
canoniquement et pertinamen: par l'autorité de la cour du dit archidiaconé
d'Ayzenay, par moy le dit Bedin prestre, notaire juré de la juridiction à laquelle le dit Trevit s'est soumis et soumet ; quant à ce et en témoins desquelles choses le dit Trevit en a donné et octroyé à la dite fabrice ces présentes, signées de mon seing manuel et scellées du scel de la dite cour. Ce fut
fait, donné et passé en présence de messire Pierre Raoul prêtre et Guillaume
Pontoizeau, témoins à ce ouy, requis et apellé, le 3e jour du mois d'octobre
1491.   Signé : G. Bodin.

XXX. — 1491

Rente due à l'église de six sols d'un boisseau de froment et d'un
boisseau de Ségle, par Maurice Bardon et Françoise Vincen-
delle, sa femme.

Scachent tous présents et avenir que pardevant les notaires souscripts,
ont été présents et personnellement établis en droit. Martin Sorin et Jean

Sorin son fils en nom et comme ayant droit et transport de Thiphane Sorin veuve de défunt Micheau Laidet, le dit Jean suffisament autorisé du dit Martin. son père. Quant à ce, iceux Martin et Jean Sorin, eux faisant fort pour Maurice Chaurray et Marie Laidet sa femme, François Girard soy faisant fort pour Marie Laidet sa femme e pour Jean Laidet, frère de la dite Marie, lesquels dessus dits ont promis faire ratifier et avoir agréable ces présentes des dimanches venant d'une part, et honêtes personnes Jacques Bouffy et Etienne Manguy en nom et comme administrateurs et fabriqueurs de la fabrice de l'église paroissiale de Notre-Dame de Challans, d'autre part, lesquelles parties de leur bon gré et volonté et parce que ainsyleur a plu et plait, ont fait, passé. transigé et accordé entre eux ces présents passemens, accordations et transactions qui ensuivent, scavoir est que les dessus dits Sorin, Laydet et Girard ès dits noms et chacuns d'eux partant qu'il les touche ont baillé, cedé, délaissé et transporté, baillent, cèdent, délaissent et tansportent pour eux et les desseus dits et les leurs à jamais perpétuellement à la fabrice de Challans, les dits fabriqueurs présents stipulant et acceptant pour la dite falbrice les choses qui ensuivent, et premièrement la somme de six sols en monnaie tournoys d'annuelle et perpétuelle somme de rente, laquelle rente les hoirs de défunt Jean Laidet de la Bardonnière étaient tenus payer ès dessus dits comme héritiers de défunt Jean Caidet, comme appert par les lettres sur ce faiteset passées, rendues, et baillées présentement ès dits fabriqueurs datées du 22 novembre 1445, passées par G. Poissonnet, sous le scel à contrats de la vicomté de Thouars pour Monseigneur du dit lieu, compris en icelle somme six sols la somme de quatorze deniers de rente que défunt Barthelemy Laidet en son vivant donna à la dite fabrice. *Item* ont baillé, cédé et tansporté les dessus dits en perpétuité à la dite fabrice deux boisseaux de bled, scavoir est un boisseau de froment et l'autre de sègle, mesure de Comquiers. de rente annuelle et perpétuelle, lequels boisseaux de bled Maurice Bardon et Françoise Vincendelle sa femme sont tenus rendre et payer, porter, par chacun an, en chacune feste de Saint Michel Archange à Gille Vrigneau et ès siens et danspuis icelui Vrignau vendit, céda et transporta la ditte rente au dit Martin Sorin, ainsi que sont et appert par la lettre de vendition -cy rendue et baillée ès dits fabriqueurs par C. Barber et Padioleau, notaires. en date du 23 mars 1484, lesquels six sols et deux boisseaux de bled de la dite rente les dessus dits ont baillé et transporté à la dite fabrice tant pour être perpétué eux et les leurs en prières et oraisons qui seront faites en la dite église que aussy pour demeurer quitte perpétuellement envers la dite fabrice et paroissiens d'icelle d'un boisseau de ségle de rente annuelle et perpetuelle que les dessus dits héritiers du dit Laidet dovoient à la dite fabrice en chacune feste de mi-aoust, aussy de dix-huit deniers de rente perpétuelle due à la dite fabrice, et comme héritiers susdits ainsi qu'il porte apparoir par letres et paplers anciens de la dite fabrice lesquels Bouffy et Manguy fabriqueurs susdits, de l'avis, conseil delibération et consentement de plusieurs paroissiens et gens de bien et de la plus saine partie de la dite paroisse, voyant être le profit, utilité et augmentation de la dite fabrice ont présents, accepté pour eux et leurs successeurs fabriqueurs et administrateurs de la dite fabrice. Donné et fait en bourg de Challans le 11 novembre 1496.

Signé : BARBER et PENARD.

Pour copie conforme

L. TEILLET, curé d'Antigny.

XXXI. — 1501.

Acte d'arrentement fait par les habitants au profit de l'église.

Sçachent tous présents et avenir que en la cour du scel établi aux contrats en la chatelainie et seigneurie de Comquiers, pour très noble et puissant seigneur Thibaud de Beaumont, seigneur de la Forest, de Bresuyre, du Plessis-Macé, d'Apremont et du dit Comquiers, par devant moy Jacques Bouffy notaire d'icelle, et aussy en la cour de l'archidiaconé d'Aisenay par devant moi Gabriel Bodin prêtre notaire juré d'icelle, sans que l'exécution de l'une des dites cours puisse nuire, préjudicier ny empêcher l'exécution de l'autre, mais soit l'une d'elles par l'autre plus ferme, valable et tenable et ces présentes plus corroborées, ont étez présents et personnellement établis en droit noble homme Nicolas Chasteigner, écuyer, seigneur du Breil et de la Mothe-Fouquerand, Thomas Affrin, seigneur des prez, Méry Bonneteau fabriqueurs de la fabrique de Challans, Jacques Penard, Mathurin Brianceau, Jean Haygron, Hugues Potin, Jean Thibaud, Guillaume Bély, Gilles Potin, Jean Crochet et André Abillard, tous paroissiens du dit Challans, eux disants et portans le plus saine partie des paroissiens de la dite paroisse de Challans d'une part, et Pierre Blandin d'autre part, lesquelles parties ont fait et passé ce qui s'ensuit, c'est à scavoir que les dessus dits paroissiens au nom susdit, désirant augmenter et accroitre le bien, profit et utilité de la dite fabrique de Challans, de leur bon grez, pure et absoluë volonté et sans aucun parforcement, mais parce qu'ainsy leur a plu et plait, ont connu et confessé avoir baillé, affermé et arrenté, par titre d'arrentement perpétuel et irrévocable pour eux et les leurs et les paroissiens de la dite fabrique au dit Blandin à ce présent, prenant, stipulant, et acceptant pour luy et les siens et ceux qui de luy auront cause, scavoir est une osche contenant une boisselée et demie de terre labourable ou environ appellée l'Osche-Berry, assise en fief de Comquiers et près du bourg du dit Challans, avec ses appartenances de clôture et autres, tenant d'une part à la petite rue du dit bourg, d'autre à l'osche Batard, appartenant ès héritiers de défunt messire Jean Charrer prêtre, d'autre aux terres de Bartherand Brodier et de Jean Camus et d'autre aux planches du jardin des Guillochons, franche et qutite en payant par le dit Blandin et les siens perpétuellement six sols, six deniers tournois chacun an, en chacune feste de Noël, au sergent fiscal du bailliage du dit Challans; fait ledit arrentement pour le prix et nombre de deux boisseaux de froment mesure rase dudit Comquiers, payable et rendable dorésnavant perpétuellement par le dit Blandin et les siens chacun an en chacune feste de St-Michel archange, aux fabriqueurs de la dite fabrique, outre les dix six sols, six deniers tournois qu'il payera au sergent du dit baillage de Challans.

Le 27e jour de septembre 1501.

Signé : BOUFFY et BODIN.

XXXII. — 1501.

Rente de cinq sols sur une boisselée de terre.

Sçachent tous présents et avenir que en la cour de Comquiers, par devant moy Jean Camus, notaire juré et passeur d'icelle et aussy en la cour de l'archidiaconé d'Aisenay, par devant moy Jacques Guibert, prêtre notaire juré et passeur d'icelle et en chacune des dites cours tant de Comquiers que d'Aisenay, sans que l'exécution de l'une des dites cours puisse nuire, préjudicier ni empêcher l'exécution de l'autre, mais soient l'une par l'autre, plus fermes, plus valables et ces présentes plus corroborées, ont étez présentz et personnellement établis en droit Pierre Blandin, marchand d'une part, et Henry Alain, meunier, d'autre part, ces dites parties demeurant en bourg de Challans, lesquelles parties ont connu et confessé avoir fait, passé, accordé entre elles les échanges et permutations des choses cy après déclarées, c'est ascavoir que le dit Henry Alain, pour lui, ses hoirs, héritiers et successeurs et ceux qui de lui auront cause a baillé, cédé, délaissé et transporté, baille, cede, délaisse, et transporte pour nom et titre d'échange perpétuel et irrévocable au dit Blandin, présent, prenant, stipulant et acceptant pour lui, les siens et ceux qui de lui auront cause, scavoir est une boisselée de terre ou environ assise en fief Ratonneau, fief de Comquiers, près le bourg de Challans, tenant d'un bout à la petite rue du dit bourg de Challans, d'autre à la terre de défunt Guillaume Penard, d'un côté à une boisselée de terre appartenant à la confrérie de St-Nicolas et d'autre à la terre de Lucas Bonnet, et en retour et récompense dudit échange le dit Blandin, pour lui, les siens et ses ayants cause a baillé, cedé, delaissé, quitté et remis, baille, cede, délaisse, quitte et remet au dit Henry la somme de cinq cinq sols de rente annuelle et perpétuelle que le dit Blandin, comme ayant droit et transport de Guillaume Billon et de sa femme demandait au dit Henry sur les héritages et domaines qui furent à Fortineau et depuis à Nicole Baujet, laquelle Baujet transporta au dit Henry les dites choses et en outre le dit Blandin doit, sera tenu et a promis doresnavant perpétuellement payer et acquitter, cinq sols tournois d'annuelle et perpétuelle rente due à la fabrice de Challans par chacun an en chacune feste de St-Michel archange, tant à cause de la dite boisselée transportée par le dit Alain que aussy à cause de héritages et domaines que feu Fortineau transporta comme dessus, payera en outre le dit Blandin les cens et devoirs dus, sur la dite boisselée de terre.

Le 9ᵉ de novembre 1501.

Signé : Camus et Guibert, notaires.

XXXIII. — 1502.

Rente de vingt sols de monnaye tournois.

Sçachent tous présents et avenir que en la cour du scel établi aux contrats en la chatellenie et seigneurie du fief Thaveau, pardevant moy Jacques Bouffy, notaire juré et passeur d'icelle et aussy en la cour de l'archidiaconé d'Asenai, pardevant moi Gabriel Bodin, prêtre notaire juré d'icelle, sans que l'exécution de l'une des dites cours, puisse nuire, ni retarder l'exécution de l'autre, mais soient, l'une par l'autre, plus fermes, plus valables, et tenables et ces présentes plus corroborées ; ont été présents et personnellement établis en droit honnête homme Jean Haigron, paroissien de Challans, d'une part, et Jacques Penard, Bonneteau Méry, Barthélemi Barbier, Hugues Fotin... Messire Jean Potin, prêtre, avec le consentement de noble homme Nicolas Chasteigner, écuyer, seigneur du Breil et de la Mothe Fouquerand, eux dits et portant la plus saine partie des paroissiens de la dite paroisse de Challans, d'autre part ; lesquelles parties ont fait et passé ce qui s'ensuit, c'est ascavoir que ledit Haigron, de son bon gré, pure et absolue volonté et sans aucune persuasion, mais parce que ainsy lui a plu et plait, a baillé, cedé et transporté à jamais perpétuellement et par ces présentes cède et transporte aux dessus dits paroissiens pour eux et les leurs et autres paroissiens du dit Challans, scavoir est vingt sols de monnoye tournois de rente annuelle et perpétuelle, laquelle devait et avait accoutumé de payer audit Haigron, Colas Galloys de la Taraudière, par chacun, an, en chacune feste de saint Michel archange, pour raison d'une place de pré étant au dit village de la Taraudière et au'res domaines étant *illec* et environ, comme appert par les lettres sur ce faites, pour et afin que le dit Haigron et les siens soient et demourent quittes à jamais perpétuellement envers les dits paroissiens, à cause de leur dite fabrice de Challans et leurs successeurs paroissiens du dit Challans, des légats, rentes et devoirs perpétuels cy après déclarez ; et premièrement de six deniers tournois de rente annuelle et perpétuelle qu'il doit à la dite fabrice pour les héritiers Simon Limousin de la Coëtière, comme héritiers et biens tenants de feu Micheau Groiseleau, autrement dit Farinea sur tous les biens du dit Groiseleau, acquis par le dit Limousin. Item de trois sols qu'il doit aussy de rente à la dite fabrice pour Martin Roy de Beauvoir–sur–Mer sur ses terres nommées les terres aux Flamans assises en la pétrolée du dit Challans et Pontabert. Item de cinq sols qu'il doit perpétuellement de rente pour Dominique Bonin pour raison d'une ousche ou soulait avoir un appentif couvert de thuiles, qui fut à feu Gilles Denyau, tenant d'une part la maison et verger de feu Jean Merlin.

Item douze deniers restant de la somme de trois sols de rente qu'il doit à la fabrice avec le sieur de Boisfossé, pour les héritiers feu Nicolas Achard de la Coëtière et Jean Naulet...

Item de vingt deniers qu'il doit pour les héritiers de feu Gilles Tremit de la Coëtière sur les biens du dit Tremit, acquis par le dit Haigron de Vincent et Simone Tremit sa femme.

Item de deux parts de deux boisseaux de froment aussy de rente qu'il doit la dite fabrice pour les héritiers Simon Limousin et de Colas Galloys, à cause de sa femme, et aussy de Geoffroy Naullet, comme héritiers de feu Gilles Groyseleau de la Coëtière.

Item de demi boisseau de froment aussy de rente, plus demi boisseau de froment dû par les héritiers Jean Maillochea, marchand, et Gilles Tremit, sur tous leurs biens et choses.

Item de deux quarts et demi de ségle, pour les héritiers Simon Limousin, pour feu Michau Groiseleau autrement dit Farinea, et pour les dits héritiers de feu André Limousin.

Item de demi boisseau de sègle pour les héritiers feu Eustache Guilla, sur les héritages du dit feu ; tous lesquels légats, rentes et devoirs dessus dits et chacun le dit Haigron a connu et confessé pour lui et les siens et ses ayants cause devoir bien et loyalement à la dite fabrice de Challans, par chacun an, pour raison des choses dessus dites, pour quoi le dit Haigron mande et commande par ces présentes au dit Galloys et ès siens et ceux qui de lui auront cause, de rendre, bailler et payer aux fabriqueurs qui sont et seront fabriqueurs de la dite fabrice de Challans les dits vingt sols de rente annuelle et perpétuelle en chacune feste de saint Michel archange.

Le 5 février 1502.

Signé : G. Bodin et J. Bouffy.

XXXIV. — 1502.

Arrentement d'un petit jardin au bourg de Challans.

Sçachent tous présents et avenir qu'en nos cours de Comquiers et de l'archidiaconé d'Aizenais, pardevant nous Jacques Bouffy et Gabriel Bodin, prêtre, notaires respectivement d'icelles, sans que l'exécution de l'une des dites cours puisse nuire, préjudicier ni empêcher l'exécution de l'autre, mais soient l'une par l'autre, plus fermes, plus valables et tenables et ces présentes plus corroborées, ont été présents et personnellement établis en droit Nicolas Chateigner, écuyer, seigneur du Broil et de la Motte-Fouquerant, Méry Bonnetea, Jean Camus, Pierre Mossard, Messire Jehan Bordier, prêtre, procureurs de Challans et Hugues Potin, à présent administrateur de ladite fabrique, eux disants et portants la plus saine partie des paroissiens de ladite paroisse, lesqueux et chacun renoncent au bénéfice de division, de leur bon gré, pure et absolue volonté et sans aucun parforcement, mais parce qu'ainsy leur a plu et plait, désirant augmenter le bien et profit de ladite fabrique, ont baillé, cédé et transporté, baillent, cèdent et transportent à jamais perpétuellement pour eux et les leurs, les autres procureurs et qui d'eux et autres paroissiens, auront cause, par titre d'arentement perpétuel et irévocable, à discret homme Barthelemi Barbet, maitre des écoles dudit Challans, à ce présent stipulant et acceptant pour luy et les siens et ceux qui de luy auront cause, sçavoir est un petit jardin, contenant une *hommée* ou environ, assis en bourg du dit Challans, fief du dit Comquiers, tenant d'une part au jardin du dit Barbet, qui fut de Pradet, d'autre au jardin des Guillochons, une haye entre deux, d'un bout au chemin qui

conduit de la grande rue du dit bourg à la petite rue, d'autre au jardin des
héritiers Sauvestre Billon, franc et quitte en payant par le dit Barbet et les
siens, douze deniers de cens au sergent fiscal du bailliage du dit Challans
en chacune feste de Noël; fait le dit arentement pour le prix et somme de
deux sols six deniers monnoye tournois et comme de rente annuelle et perpétuelle, rendable et payable doresnavant perpétuellement par le dit Barbet
et les siens, aux fabriqueurs qui à présent sont et seront après par chacun
an en chacune feste de saint Michel archange, à commencer le premier
payement de la dite rente à la dite feste de saint Michel prochaine venante
et continuer d'*illec* en avant, en chacune fête susdite, et avoir tenir, prendre,
posséder, exploiter, doresnavant, perpétuellement, par le dit Barbet et les
siens, le dit jardin, du consentement des paroissiens susdits et non susdits,
lesquels et chacun ès nom susdit ont ceddé et transporté, ceddent et transportent audit Barbet tous les droits, nom, raison, et actions que la dite
fabrique y avait, avoir, pouvait et devait et s'en sont devestis et dessaisis
pour eux et les autres procureurs et en ont vesti et saisi le dit Barbet et les
siens, et établi vrais seigneurs et propriétaires actuels et pocesseurs, comme
de ses propre chose et domaines, mis et induit en bonne pocession et saisine, mesmement par le bail et octrois de ces présentes, promis les dessus
dits, bailler gariment, garentir, deffendre au dit Barbet et aux siens, le dit
jardin de tous, vers tous et contre tous, de tous troubles, empêchement
quelconques en payant la dite rente de deux sols, six deniers tournois et
les dits douze deniers de cens, lesquels rentes et cens, le dit Barbet pour lui
et les siens perpétuellement, a promis et promet rendre, bailler et payer,
sçavoir aux fabriqueurs de la dite fabrique, en chacune feste de saint Michel
archange, la dite rente de deux sols six deniers tournois et les dits douze
deniers de cens au sergent du dit bailliage de Challans, en chacune feste de
Noël. Et à ce faire, tenir et accomplir perpétuellement, fermement et loyalement, sans jamais faire ni venir encontre, le dit Barbet a obligé et oblige
aux procureurs de la dite fabrique, le dit jardin avec ses améliorations
seullement et les dits bailleurs les biens de la dite fabrique, renonçant sur
ce qui tent de droit, de fait, d'usage, coutume du pays, qu'autrement leur
pourrait ayder, subvenir et autrement mettre avenir ou faire venir, contre
la teneur et substance de ces présentes pour les corrompre, casser ou annu-
ler eu tout ou en partie on tems avenir, à tout droit écrit et non écrit, canon
et civil, et au droit dessus généralement, renónciation non valloir, sy elle
n'est expresse, sous la foy et serment de leur propre corps, sur ce donné et
juré, de non jamais faire n'y venir encontre par eux ny par autre et de ce
furent les dits bailleurs et procureurs, et chacun de leur consentement et
volonté et à leur requeste, jugés et condamnés par le jugement et condamnation des dites cours, par nous notaires susdits d'ycelles, et admonesté

plusieurs fois ce dessus et ce canoniquement et compétance, par l'autorité
de la cour du dit archidiaconé d'Aizenais, par moy le dit Bodin, prêtre,
notaire d'ycelle, à la juridiction desquelles cours les dessus dits bailleurs et
procureurs se sont soumis et soumettent, sçavoir les dits bailleurs le temporel de la dite fabrice et le dit preneur luy et tous et chacun ses biens ; quant
à ce fait et passé au dit bourg de Challans, en la maison du dit Mossard, le
1er jour du mois de mars 1502.

Signé : J. BOUFFY et G. BODIN.

XXXV. — 1502.

Donation à la fabrique de deux journaux de pré et d'une boisselée de terre.

Je Méry Bonneteau, fabriqueur de l'église paroissiale de Notre-Dame de
Challans, certifie, audit nom, au Révérend Père et seigneur Monseigneur de
Luçon et messieurs ses officiers, en son auditoire, que honnête personne
Pierre Mossard, marchand, demeurant au bourg de Challans, a baillé, cédé
et transporté, pour luy et les siens et défunte Laurence Crochet en son
vivant sa femme, au profit de la dite fabrice, scavoir est deux journaux de
prez et une boisselée de terre, les deux journaux de prez, priz en une pièce
de prez contenant quatre journaux et partant par indivis à la dite fabrice,
sis et assis près la Cigonne, en la paroisse de St-Sauveur du Perier, et la
dite boisselée de terre sise et assise en la rive de Soullans, lesquels deux
journaux de prez et laquelle boisselée de terre les dits conjoints Mossard et
Crochet avaient donné et légué à la dite fabrice par certaine donnaison
faite entre eux, desquels deux journaux de prez et boisselée de terre j'ai
pris, dans cette présente année, possession et saisine au dit nom et d'iceux
levé et perçu les fruits, profits et émoluments, sans aucuns contredits, ni
empêchement et du consentement du dit Mossard qui a promis de ne jamais
es empêcher et a baillé icelui Mossard un double de la dite donnaison où
est contenu le legs et (la preuve) des droits de la dite fabrice et s'est le dit
Bonneteau, audit nom certifié, être vrai témoin ; cette présente certification
signée de mon seing manuel et à ma requête des notaires souscripts.

Le 2e jour de septembre 1502.

Signé : BONNETEAU, BARBER, MORINAT.

XXXVI. — 1504.

Donation à l'église de dix sols de rente.

Sçachent tous présents et avenir qu'en la cour du scel établi aux contrats
en la chatelainie, terre et seigneurie de Comquiers, pour très noble et puissant Thibaud de Beaumont, seigneur de la Forest sur Sèvre, de Bressuyre,
du Plessis-Macé, d'Apremont, de Thouars et du dit Comquiers, par devant
moy Jacques Penard, notaire juré et passeur de la dite cour et aussy en la
cour de vénérable et discret homme, monsieur l'archidiacre d'Aisenay
et par devant moy Gabriel Bodin, prêtre, notaire juré et passeur d'icelle, et
en chacune des dites cours, tant de Comquiers que d'Aisenay, et sans que
l'exécution de l'une des dites cours puisse empêcher l'exécution de l'autre,
mais soient l'une par l'autre plus fermes, valables et tenables, et ces présentes
plus corroborées, a été présent et personnellement établi Michau Gabet, fils de
défunt Michau Gabet et de Clémence Blandinelle ses père et mère, demeurant
à la Voyrie, soy faisant fort pour Nicole Chauvin, sa femme et pour Robert et
Jacques Chauvin, ses frères utérins, auxquelx et chacun il a promis faire avoir
agréable le contenu en ces présentes, toutes et quantes fois que requis en sera,
lequel Gabet, en nom susdit, de son bon grez, pure et absolue volonté et sans
aucun parforcement, mais parce qu'ainsy lui a plu et plaît, a donné, ceddé,
délaissé et transporté à jamais perpétuellement pour lui et les siens et ayants
cause et pour les dits Robert et Jacques Chauvin et les leurs et ceux qui d'eux
auront cause, à l'église et fabrique de Notre Dame de Challans, Hugues Potin,
l'un des fabriqueurs d'icelle, à ce présent, prenant, stipulant et acceptant,
pour ladite fabrique, scavoir est tous et chacuns les droits que les dits
Gabet et Chauvin ont et peuvent avoir en la somme de dix sols monnoye
tournois de rente annuelle et perpétuelle que devaient ès dessus dits les héritiers de Colas Richard qui jouissait des terres des désommez cy après déclarées, lesquels tient et exerce depuis Henri Alain, sont premièrement, une
maison bourine assise en bourg de Challans, qui fut à feu Fortineau avec
ses appartenances et appendances de vergers, rues et ruages, tenant d'une
part au verger et maison de feu Jean Enard, d'autre à la maison de feu
Barthelemy Brianceau, et d'un des bouts au chemin qui conduit dudit lieu
de Challans à Pontaber.

Item une pièce de terre joignant le verger de la dite maison, contenant
onze sillons de terre ou environ, tenant d'une part le chemin qui conduit
dudit lieu du Challans aux Villates, d'autre à la terre dudit Brianceau.

Item une boisselée de terre assise eu fief Ratonneau, tenant d'une part le chemin de la petite rue, d'autre la terre de Sarrazin, d'autre la terre de la Chaplenie de Saint-Nicolas.

Item une boisselée de terre assise en fief du dit Comquiers, tenant d'une part au bout des terres de feu Dominique Bonin, d'autre rasant le chemin qui va du dit lieu de Challans à la Marchaisière, une grosse pierre entre deux, d'autre à la terre de la fabrice du dit lieu de Challans.

Item une boisselée de terre ou environ assise en fief du seigneur du Breuil, terrageant au douzain, tenant d'une part le chemin qui va de Challans à la Marchaisière et d'autre la terre de Elie Bonin.

Item une boisselée de terre ou environ assise au dit fief de Comquiers, tenant les terres du dit Comquiers..... lesquels domaines susdits autrefois baillez et arentez par les dits défunts Michau Gabet et Clémence Blandinelle, père et mère en leur vivant du dit Michau Gabet au dit Colas Richard, comme appert par les lettres sur ce faites et à ces présentes attachées, passées sous les sceaux des dits Comquiers et archidiaconné. Signé : V. Morisseau et J. Buronneau, notaires rapporteurs d'icelles, le 8e de novembre 1473 et scellées du dit scel de Comquiers en cire verte, en double queue pendant.....

Faite la dite cession et transport par le dit Gabet en nom susdit pour être lui et les dessus dits à jamais perpétuellement ès prières et bienfaits de la dite fabrique, mande et commande le dit Gabet, en nom susdit, ès teneurs des dits lieux de doresnavant rendre, bailler et payer ès dits fabriqueurs de la dite fabrique les droits de la dite rente.

Fait le 15e de décembre 1504.

Signé : Bodin et Penard, notaires.

XXXVII. — 1505.

*Testament qui donne à l'église deux journaux de pré,
situés près des Ecobus.*

Au nom du Père et du Fils et du Saint-Esprit, Amen. Je Michau Rolland, demeurant au bourg de Challans, détenu de maladie corporelle, combien que, par la grâce de Dieu, je sois sain d'entendement et connaissance, considérant que les maladies corporelles sont dangereuses, aussy qu'il n'est chose plus certaine que la mort, ni chose plus incertaine que l'heure d'icelle, et que chacune personne venant en ce monde doit en acquitter le droit de nature, une fois mourir, ne voulant décéder sans ordonner de mes biens que Dieu m'a donné en ce monde, fais, ordonne et divise mon dernier testament, mes dernières ordonnances, devis et volontés, ainsy et par la forme et manière qui s'ensuit : et premièrement, je recommande mon âme à Dieu, à la glorieuse

Trinité, à la Benoîte glorieuse Vierge Marie et à tous les saints et saintes du Paradis, et mon corps emprès que l'âme en sera séparée et départie, à la sépulture de sainte église, laquelle sépulture j'élis en cymetière de l'église paroissiale du dit Challans, jouxte la sépulture de mes défunts père et mère.

Item veux et ordonne que le jour de mon obit soit dit et célébré pour le salut de mon âme, trois messes à notes avec diacre et sous-diacre, vigiles et litanies et autres suffrages et répons accoutumez à être dits et faits en sainte Eglise pour les trépassez, auquel jour je veux que tous les chapelains du dit Challans disent la messe pour le salut de mon âme, comme dit est, et de mes parents et amis trépassez.

Item je veux et ordonne que le jour de mon septième, lequel je veux être fait à huitaine de mon obit, tous les chapelains du dit Challans disent la messe pour moy, dont il y en aura trois à nottes avec diacre et sous-diacre et vigiles comme dit est.

Item, je donne et lègue à jamais perpétuité pour moy et les miens à la fabrique et église du dit Challans pour en jouir perpétuellement, incontinent après mon déceds, les deux journaux de prez étant en fief de Comquiers, en la dite paroisse de Challans, au ténement des Ecaubus, tenant les dits deux journaux de prez, d'une part au pré de Méry Bonneteau, d'autre au pré de feu André Bloys, d'autres aux terres que tient la veuve Guillaume Penard, qui furent du dit Rolland et de Perrette Girard sa femme, pour être à perpétuité ès prières et bienfaits de la dite fabrique et pour autres causes à ce me mouvans, aussy pour acquitter en outre tous droits féodaux dus pardessus.

Le 2ᵉ jour de juin 1505.

Signé : Camus et Bodin, notaires.

XXXVIII. — 1506.

Donation à la fabrique de six boisselées de terre.

Sçachent tous présents et avenir qu'en nos cours de Comquiers et de l'archidiaconné d'Aizenais, par devant nous notaires cy-dessous écrits, sans que l'exécution de l'une des dites cours puisse nuire, préjudicier, et empêcher l'exécution de l'autre, mais soient, l'une par l'autre, plus fermes, valables et tenables et ces présentes plus corroborées, a été présent et personnellement établi en droit Méry Naulleau paroissien du Perrier, lequel soy voyant chargé de continuer, rendre et payer ès fabriqueurs de la fabrique de Challans, la somme de huit sols quatre deniers monnoye tournois à eux du de rente annuelle et perpétuelle en chacune feste de saint Michel archange.

ou quoy que ce soit une fois en l'an, à cause et pour raison de six boisselées
de terre, assises en marais du Perier, au dit fief de Comquiers, apellées les
Chessardières, tenant d'une part à la Roche-Billeau, d'un costé à un journau
de pré apelié la Besse au Maubuge, qui fut à Guillaume Bodin et de présent
à Pierre Mossard du dit Challans, d'autre à la terre de la Mothe, appartenant
au seigneur du Broil, d'autre au pré Picou, appartenant à Jehan Naulleau
et ses consorts, lesquels huit sols quatre deniers, Pierre Hervé, par son
testament, donna et légua à la dite fabrice, sur le dit Naulleau, qui tenait
la dite terre, de son bon gré pure et absolue volonté et sans aucun parforcement, a quitté, remis, ceddé, délaissé, transporté à perpétuité pour luy et
les siens et ceux qui de luy auront cause, à Etienne Crochet, comme l'un
des fabriqueurs et procureurs de la dite fabrice, à ce présent, prenant, stipulant et acceptant pour les paroissiens de la dite paroisse, sçavoir est les
dites boisselées de terre dessus confrontées, franches et quittes de tous dus
en payant le sixte des fruits croissants par labeur, moyennant que le dit
Naulleau payera les arrérages du tems passé, aussy l'année à échoir à la
prochaine feste de saint Michel, sy le dit Crochet ne fait tcuage des dits dûs
et par ce auront, tiendront, posséderont et exploiteront doresnavant perpétuellement les fabriqueurs du dit Challans à cause de leur fabrice, paisible,
franche et quitte, du consentement du dit Naulleau, les dites six boisselées
de terre dessus confrontées et en a transporté le dit Naulleau pour luy et les
siens au dit Crochet, comme l'un des fabriqueurs et procureurs de la dite
fabrice, tous les droits, noms, rente, actions et seigneurie qu'il y avait et
avoir devait et s'en est dévestu et dessaisi et en a vestu et saisi les procureurs et administrateurs de la dite fabrice, fait et établi vrais seigneurs,
propriétaires, auteurs et pocesseurs, comme de leurs propres chose et domaines, mis et induit en bonne pocession et saisine, réelle et actuelle, même
par le bail et octrois de ces présentes, promet le dit Naulleau pour luy et les
siens garentir, délivrer, deffendre et empêcher, tant ès fabriqueurs de la
dite fabrice qui à présent sont que qui seront en tems avenir, les dites six
boisselées de terre dessus, confrontées, de tous, vers tous, et contre tous,
de tous troubles et empêchements vers toutes personnes quelconques, en
payant par les dits fabriqueurs les cens et dû ainsy que dit, et en ce fait
le dit Naulleau et les siens demeurent à jamais perpétuellement quitte et déchargé de la dite rente de huit sols quatre deniers envers les fabriqueurs et
paroissiens du dit Challans, du consentement du dit Crochet au non susdit
et à tout ce que dit est, faire tenir et accomplir perpétuellement, fermement
et loyalement, sans jamais faire ny venir encontre, le dit Naulleau a obligé
et obligé au dit Crochet comme l'un des fabriqueurs et procureurs de la dite
fabrice, luy et les sions, tous et chacuns ses biens meubles et ymeubles,
présents et avenir quelconques et on rendre à tout ce qui tant de droit, de

fait, d'usage, coutume du pays qu'autrement, luy pourraient aider faire rendre ou faire venir contre ce que dessus dit est à tout droit écrit et non écrit, canon et civil et au droit disant général de revendition, non valloir, sy elle n'est expresse, la foye et serment de son propre corps, donné et juré de n'en jamais faire par luy et par autre comme dessus la substance de ces présentes, mais de les tenir de point en point, sans enfraindre, et de ce fut le dit Méry Naulleau, de son bon gré et volonté, jugé et condamné par le jugement et condamnation des dites cours par nous Julien Camus et Gabriel Bodin, notaires respectivement d'ycelle, et d'abondant admonesté par triple monition, canoniquement et conspection, par l'autorité de la dite cour du dit archidiaconné d'Aizenais, par moy le dit Bodin, prestre et notaire d'ycelle, en témoins desquelles choses le dit Naulleau en a donné contrat à la dite fabrice, ces présentes signées de nos seings manuels et scellées du scel des dites cours, au pouvoir et juridiction desquelles cours, le dit Naulleau s'est soumis et soumet tous et chacuns ses biens dessus obligés ; quant à ce, fait et passé au dit lieu de Challans, en la maison du dit Crochet, le 9e jour de mars l'an 1506.

Signé : CAMUS et BODIN, notaires.

XXXIX. — 1507.

Testament de Mathurin Guibert, prêtre.

Au nom du Père et du Fils, et du Saint-Esprit, Amen. Je Mathurin Guibert, demeurant au bourg de Challans, détenu de maladie corporelle et néanmoins sain d'entendement et de pensée, considérant qu'il n'y a rien de plus certain que la mort et de plus incertain que l'heure d'ycelle, ne voulant décéder de ce monde sans disposer des biens que Dieu m'a donnez, fais et ordonne mon dernier testament et volonté, ainsy et en la forme et manière qui s'ensuit : et premièrement, je recommande mon âme à la benoiste Trinité, à la glorieuse Vierge Marie, à Monsieur Saint Michel, à tous les Saints et Saintes du Paradis et mon corps après que l'âme en sera départie, à la sépulture de notre sainte mère l'Eglise, laquelle sépulture j'élis en le cymetière de l'église paroissiale de Challans, jouxte la sépulture de mes défunts père et mère.

Item, je veux et ordonne deux services être faits, dits et célébrez en la dite église de Challans, pour mon âme et mes parans et amis trépassez, fait l'un le jour de mon obit, où je veux que mes exécuteurs fassent dire et célébrer le nombre de cent messes, s'il est possible, avec les autres obsèques et solennités accoutumées être faites pour les trépassez, et l'autre le jour de mon septième, où je veux que mes exécuteurs fassent dire et célébrer autres cent messes avec les autres solennités.

Item je veux et ordonne que tous mes dettes soient payées par mes exécuteurs, cy-après anoncez.

Item je donne et lègue à perpétuité à la fabrice du dit Challans un boisseau de bled froment mesure de Comquiers, de rente annuelle et perpétuelle, que je veux à jamais être payée, par mes héritiers sur tous et chacuns mes domaines et héritages quelconques, en chacune feste de St-Michel, pour être à jamais perpétuellement ès prières, oraisons et bienfaits des paroissiens d'ycelle.

Item, je donne, cède, délaisse et transporte à messire Jacques Guybert, prêtre, mon fils, ma maison ou je demeure avec ses apartenances et jardins, rues et ruages, entrées et issues, pour en jouir durant sa vie, et payer les cens et devoirs dûs, par dessus dire chacun an une messe pour l'âme de défunt Claude Chauvin, à qui fut la dite maison en son vivant; pour faire dire en outre pendant sa vie par le curé du dit lieu ou ses vicaires une messe pour le salut de mon âme et à tel jour que Dieu fera son jugement de moi une messe à note de *Requiem* avec vigile, après le déceds duquel Jacques je la donne ès enfants de Colas Roy et Jeane Guybert ma sœur, s'il y en a qui soient ou veuillent être gens d'église, sinon je donne congé et pouvoir au dit Jacques et à mes autres héritiers de la pouvoir donner à quelqu'autre homme d'église, s'il n'en a de ma lignée qui veulent être gens d'église, à la charge de payer les cens et devoirs dus, par dessus dire la dite messe pour le dit Chauvin et continuer à faire dire et célébrer à perpétuité à tel jour que Dieu fera son jugement de moi, en la dite église de Challans, la dite messe à notes de *Requiem* avec les vigiles.

Item e donne à perpétuité à Périne Guybert ma sœur un lit garni de franges, quatre linceullx, une berne, une vache que j'ai chez Rondeau, ès Villates, qui a environ deux ans.

Item pour faire faire et accomplir celui mon présent je élis messire Jacques Guybert prêtre, mon fils et Colas Roy, mon beaufrère, auxquels et chacuns, je donne plein pouvoir entier et mandement spécial de pouvoir prendre et appréhender et mettre ès leurs mains tous et chacuns mes autres biens meubles, si résidu y a, soit divisé et départi entre Jacques et Jeane, Mathuthurine et Périne Guyhert mes fils et sœurs, quart pour quart.

Item je veux et ordonne que cetuy mon present testament soit tenu et accompli et qu'il sorte son plein effet selon tous ses points et articles et que s'il ne peût valoir par forme de testaments et ordonnances que j'aurais fait ou pu faire par ci devaut, promets tenir cetuy et non jamais aller à l'encontre, et combien que donateur ne soit tenu, pour *garrieur* aux donnations de la chose par lui donnée, ce néanmoins je promets garentir à mes dits donataires les choses à eux par moi données, sous l'obligation de moi et des miens et de tous et chacuns mes biens meubles et immeubles quelconques, car renonce à tout ce qui tant de droit, de fait, d'usage, coutume du pays que autres me pourrait survenir contre la teneur et effet de cetui mon présent testament, la foy et serment de moi sur ce donnée et jurée, dont de mon consentement et volonté et à ma requeste, en ai été jugé et condamné et d'abondant admonesté, par l'autorité de ladite cour de monsieur l'archidiacre d'Aisenal, par Jean Peret et Gabriel Bodin, prêtres notaires d'ycelle, à la juridiction de laquelle je me suis soumis quant à ce fait et passé en ma maison où je demeure, en présence de Jacques Guybert prêtre, Jeane Périne Guybert, mes fils et mes sœurs.

Le 6ᵉ jour du mois d'octobre l'an 1507.

Signé : J. PERET et G. BODIN, notaires.

XL. — 1509.

Testament de André Joyau, prêtre.

In nomine sanctæ et individuæ Trinitatis, Patris et Filii et Spiritus Sancti. Amen ; je André Joyau prêtre, détenu de maladie corporelle, sain d'entendement par la grâce de Dieu mon créateur, fais et ordonne mon testament et dernières ordonnances en la forme et manière qui s'ensuit, et premièrement je recommande mon âme à Dieu Sauveur et Rédempteur du monde, et à sa glorieuse mère la Vierge Marie, et à tous les anges et archanges, à tous les benoîts apôtres et martyrs confesseurs et vierges et par ès principal à Monsieur Saint André l'apôtre et à Madame sainte Catherine et à tous mes frères d'église, ès quels j'ai eu connaissance et alliance et aussy à toute l'église militante et aussy mon corps, l'âme d'icelui séparée, à la sépulture de notre mère sainte Eglise, laquelle j'élis en cimetière de Challans et où bon semblera à mon exécuteur cy dessous à nommer aussy veux et ordonne que le jour de mon obit et ensépulture soit dit et célébré en l'église paroissiale de Challans, pour le salut et remède de mon âme et de mes parens et amis trépasséz le nombre de .... messes, scavoir trois à notes avec diacre et sous-diacre et le restant en basse voix, avec vigiles et litanies et autres obsèques accoutumées être faits pour les trépasséz !

Item je donne et lègue, cède et transporte à jamais perpétuellement à la fabrice du dit Challans, un journau de pré, partant par indivis avec Etienne Camus, du marais de Mont, situé le dit journau près les petits prez ès chevaliers et ces choses et chacune d'autres, je veux et ordonne être faites et accomplies par mes exécuteurs lesquels j'élis Jacques Bouffy mon oncle et messire Jacques Guybert, prêtre.

Le 12ᵉ jour du mois de décembre de l'an 1509.

Signé : CAMUS et BOUTIN, notaires.

XLI. — 1513-1526.

Revenus et propriétés de la chapellenie de Saint-Eutrope, à Challans.

C'est le papier du revenu, domaine, héritages, rentes et devoirs apartenant à la chapellannie de Saint-Utrope, desservie en l'église paroissiale de Notre-Dame de Challans, que fonda et dotta messire Jehan Laurent, prêtre, pour dire ou faire dire par chacune semaine de l'an à jamais perpétuité par le chapelain institué en icelle, le nombre de deux messes en la dite église à l'autel édifié et fait par le dit messire Jehan Laurent, prestre, en l'honneur du dit Utrope, étant la dite chapellannie à la présentation et patronage des fabriqueurs de la dite fabrice de la dite église paroissiale du dit Challans, comme tout ce appert plus à plein par la fondation de la dite chapellannie, en date du onzième jour d'aoust, l'an 1413, passé par J. Boucherot et J. Blois (Voir le nᵉ V). En dotation de la dite chapellannie les chouses qui sensuivent par moy Julien Peret, prêtre, livrées et reçues dès le 25ᵉ jour de janvier de l'an 1513, auquel jour ay été institué en la dite chapellannie :

Etienne Guilloteau et... Maignen sa femme, sur leur bien, maison et jardin, assis au bourg de Challans, à la Basserie, et sur tous et chacuns leurs autres biens, domaines et héritages étant en la dite paroisse de Challans, doivent par chacun an, en chacune feste de saint Michel archange au dit chapelain, sçavoir est la somme de trente sols de rente monnoye tournois, cy. . . . . XXX s.

Item, Michel Dolbeau, de la Brunière, paroisse de Challans, sur tous et chacuns ses biens, domaines et héritages, étant en ténement de la dite Brunière et ailleurs, doit par chacun an, chacune feste de saint Michel archange, au dit chapelain la somme de trente sols tournois de rente ; Jehan Dolbeau, Mathurin Dugué et leurs consors, cy. . . . . XXX s.

Item, Colas Dolbeau, Colas Dugué et Glameau Dugué de la Brunière, sur tous et chacuns leurs biens, domaines et héritages, étant en ténement de

la dite Brunière, doivent au dit chapelain, par chacun an, en chacune feste
de Saint Michel archange, la somme de trois sols six deniers de rente,
cy. . . . . III s. D.

Item, Jacques Mossard, modo Pierre Mossard et Naullet Gauvard de la
Benestière, sur leurs domaines et héritages étant en tenement de la dite
Benestière, doivent au dit chapelain, par chacun an, en chacune feste de
saint Michel, archange, la somme de cinq sols de rente ; le dit Mossard
pour Jacques Sauvard, Bartholomé Gauvard, Etienne Cousillat, Jean
Vrignaud, Guillaume Thibaud, cy. . . . . VI s.

Item Michaux Ardouin de la.... sur ses domaines et héritages étant au
dit lieu et ténement doit au dit chapelain, par chacun an, en chacune feste
de saint Michel archange, la somme de dix sols de rente tournois ; Pierre
Gallois, fils de Pentecoste Ardouin et P. Guibert à cause de sa femme et
autres leurs consors, cy. . . . . X s.

Item les dits Pierre Gallois, Jehan Guibert, Valentin Magnet, à cause et
pour raison de Jehand Durand de Challans, sur tous et chacuns leurs biens.
maisons, domaines, prés, terres, étant au village de la Taraudière, doivent
au dit chapelain, par chacun an, en chacune feste de saint Michel archange,
la somme de vingt sols de rente fontière, comme appert par la lettre sur ce
faicte dont le dit Durand a eu les domaines où est assis sa métairie près le
village de la Cailletière, en recompense de la dite rente de vingt sols, cy. XX s.

Item Jehan Seigneuret, sur sa maison et jardin situé et assis en le bourg
de Challans, tenant d'une part la dite maison à la maison de messire Pierre
Bordier, prêtre, d'autre à la maison et ayre de deffunte Agnès Caillcud, que
tient Jacques Bouffy, d'autre à la grande rue qui conduit de la Basserie à
Pontabert ; tient aussy sur et pour raison d'un grand jardin sis près la petite
rue, tenant d'une part et d'autre la petite rue, et l'ouche Michaud Rolland
doit pour chacun an au dit chapelain, en chacune feste de saint Michel
archange, la somme de dix huit sols de rente. Tient Bouffy, tient Nicolas
Pinson, tient Jehan Daniau, modo tient Mathurin Durand, cy. . XVIII s.

Item une ouche appellée l'ouche de la Bosse, contenant une charruye de
terre ou environ, franche la dite terre en payant au sergent du bailliage de
Challans, en chacune feste de Noël, deux sols, tenant d'une part la dite
ouche au chemin qui conduit du bourg du dit Challans au village de la
Cailletière, et d'autre au chemin qui conduit du dit bourg à la Bonne Fontaine, et d'autre à une autre ouche qui est à la fabrice du dit Challans, la
haye entre deux, laquelle haye est de l'ouche de la chapellanie, pour ce
quatre boisseaux de bled, cy. . . . . IIII bz.

Item une petite charruye de terre, franche en payant deux sols au dit sergent, en chacune feste de Noël, assise en fief des Minées, tenant d'un bout au dit chemin qui conduit du dit bourg de Challans à la dite Bonne Fontaine, deux des costés à la terre du prieur de Challans, que tient Jacques Seigneuret, d'autre à la terre des héritiers Alain, pour ce trois boisseaux de bled, cy. . . . . III bx.

Item deux charruyes de terre assises en dite Minées, tenant à la terre de Penard et d'autre à la terre de Bertran Bordier, apartenant ès Vincendeau, à cause de leurs femmes, pour ce le nombre de..... boisseaux de bled.

Item une autre charruye de terre franche en payant au dit sergent fiscal, en chacune feste de Noël deux chapons, tenant d'une part les terres de deffunt Micheau Rolland, d'autre les terres de Potin et de Méry Bonneteau, pour ce trois boisseaux de bled, cy. . . . . III bx.

Item une charruye de terre franche assise en fief Ratonneau, tenant d'un bout au chemin qui conduit du bourg de Challans à l'Erceau. . . . .

Item une charruye de terre située près le village de la Taraudière, paroisse dudit Challans, tenant d'une part au chemin qui conduit du bourg de Challans au village de la Taraudière, d'autre à la terre des enfants Gallois et d'Allain Chauvet, pour ce Imbert de la Terrière doit par chacun an un boisseau de froment, cy. . . . . *1 boisseau.*

Item une boisselée de terre ou anviron, située en fief de la Vérie, près le Moulin des Villattes, tenant d'une part ès terre de Fradin du Breuil, d'autre aux terres de Limousin, pour ce doivent par chacun an Jehan Coutanceau, Collas Blandineau des Rassonnières, un boisseau de froment, cy. . 1 b.

Item, quatre journaux de terre, joignant les prés aux Laurent situés et assis près le porteau des Villattes, en fief du sieur de la Verrie, qui doivent dix-huit deniers de cens au dit seigneur, en chacune feste de Toussaint, tenant d'une part les dits journaux au Paturau et au bois de messire Jehan Bordier, prêtre, d'autre part au pré du sieur des Loires, au pré des dits Bordier, Blandineau et Blanchard, à cause de sa femme. Tient *modo* le dit chapelain.

Item, un journau de pré situé et assis en fief de l'église de Challans apellé Bouhet, qui doit par chacun an à la fabrice deux deniers, obole pour puiser l'eau pour faire l'eau bénite, par deux samedy de l'an, scavoir est le samedi de la Notre-Dame de my-aoust et le samedy d'emprès, tenant d'une part le chemin qui conduit de la Bonne Fontaine à la Poctière, d'autre ès-Vrignais

de Penard, d'autre au pré Jehan Durand et au pré de la confrairie du St-
Esprit, pour ce doit Mathurin Durand la somme de vingt sols, cy.　XX s.

Item un autre journau de pré situé et assis en marais de Lilatte, près la
Jolletrie, nommé le pré Margoteau.

Item Jacques Boury de la Fradinière, paroisse de Challans, pour raison du
louage d'une charuye de terre assise au fief Fournier près le dit village, doit
par chacun an un boisseau de seigle. Tient Laurent Boury, ci.　.　.　1 в.

Item les Fradins du dit lieu de la Fradinière, sur leurs biens et domaines
dudit lieu, doivent au chapelain de Saint-Utrope, en chacune feste de Saint-
Michel, un boisseau de seigle, tient Jehan Perdriau, couturier, demeurant
audit village de la Fradinière, cy. . . . . 1 в.

 Item, Vincent Limousin de la Chaussée-Chaslon, sur une pièce de terre
étant en fief de la Verrie, près le moulin des Villattes, joignant ladite boisselée, contenu au présent papier, doit par chacun an, le nombre d'un boisseau et demy de seigle. Tient Colas Blandineau, des Rassionnières, cy.　1 1/2 в.

Item, Jehan Boury et Marie Laurent à cause de leurs femmes sur une
charuye de terre, tenant d'une part au chemin qui conduit du moulin des
Villattes aux Rassionnières, doivent un demy boisseau de seigle, cy.　1/2 в.

Item, les héritiers Prot Bernard sur son jardin, tenant d'une part au pré
Jehan Poyneau, d'autre à la maison et jardin de Jacques Bonin, doivent en
chacune feste de saint Michel, un demy-boisseau de seigle, cy.　.　1/2 в.

Item les héritiers Prot Bernard de la Juisière doivent à chacune feste de
Notre-Dame, en septembre, un demy boisseau de seigle. *Tenet* Gilles Billon à
cause de sa femme, *modo* Michau Poyneau, cy. . . . . 1/2 в.

Lesquelles chouses susdites sont de l'ancienne fondation et dotation de la
dite chapellannie, comme apert par le testament dudit deffunt messire Jehan
Laurent, prêtre.

S'ensuivent autres devoirs, rentes et domaines apartenant au chapelain
de la chapellannie de Saint-Utrope, lesqueux devoirs, deffunt Thomas Grenon, clerc, donna et légua au dit chapelain pour dire ou faire dire à jamais
perpétuité, par chacune semaine de l'an, une messe à l'autel de Saint-Utrope,
étant en la dite église de Challans, comme tout ce apert par le testament
du dit Grenon, passé par J. Camus et Girard, en date de 1449, et donna le
dit Grenon par auguementation les chouses qui s'ensuivent sises en Coutumier, paroisse de Bois-de-Cené, moitié Poitou et moitié Bretagne.

En premier sept journaux de prés nommés la Rosohère-Trobise, assis en marais du Coutumier, paroisse de Bois-de-Cené, tenant d'une part la charaud qui conduit des poteries et des pâturaux au moulin Poirin ; d'autre à six journaux de prés apellés le Pré-Neuf, apartenant à Jehan Mesnard de Beauvoir sur mer, d'autre à deux journaux de prés apartenant à Rotureau de la Carre, et d'autre au pré apartenant à Mathurin Renaud, loué le dit pré par chacun an la somme de sept livres cinq sols. Tient Renaud Rousseau, *modo* loué dix livres tournois et demy jalon de boeurre. Tient le dit Renaud Rousseau, cy . . . . 10 l. et 1/2 jalon de bœurre.

Item, a donné et légué le dit Thomas Grenon au dit chapelain de la chapellennie de Saint-Eutrope, sur un ténement de maison, jardin, terres et autres domaines, situés et assis en village et ténement des Chiron, paroisse du dit Bois-de-Cené, jamais perpétuellement par chacun an en chacune feste de Notre-Dame de my-aoust, la somme de vingt sols de rente foncière. Tient Rotureau, demeurant ès dits Chiron, pour ce. . . . . 1 l.

Item, a donné le dit Thomas Grenon, auguementateur sus dit de la dite chapellannie, au dit chapelain, sur une maison, jardin et terre, sis et assis en bourg de Bois-de-Cené, près le cimetière, la rue entre deux, à jamais perpétuité par chacun an et en chacune feste de Notre-Dame en aoust, sçavoir est la somme de quinze sols tournois. *Tenet* Olivier Clerjaud, *modo tenet* Brian Guillaud, à cause de sa femme, cy . . . . 15 s.

S'ensuit autre auguementation faite par deffunt messire Nicolas Boessin, prestre, pour être ès prières du chapelain de la dite chapellannie de Saint-Eutrope , comme apert par le testament du dit deffunt, messire Nicolas Boessin, prestre, passé par J. Durand et J. Martineau, prestres, en datte du 13 octobre 1505, et donne par auguementation les choses qui s'ensuivent :

En premier, Guillaume Bodin et Mathurine Pouillelle sa femme, à cause et pour raison de deux chambres et leurs jardins et apartenances d'ycelles, sises au boug de Challans, joignant la maison Toussaint Bernard et tenant les dites chouses, d'un côté la maison et jardin de Bloys, en tenant d'un des bouts la grande rue qui conduit de la halle à la chapelle de la Belle-Croix, et d'autre à une route dans le champ qui conduit de la grande église à la dite chapelle de la Belle-Croix, doit au dit chapelain par chacun an, en chacune feste de saint Michel archange, la somme de quinze sols tournois de rente foncière. Tient Vincent Grelier, *modo* tient messire André Sauvaget, prestre, cy. . . . . 15 s.

Item, les héritiers de deffunt messire Gilles Coutanceau, prestre, à cause et pour raison d'une maison et jardin avec leurs apartenances, sise au bourg de Challans, tenant d'une part les dittes chouses à la maison et jardin du dit Toussaint Bernard et d'autre à la maison et jardin des Chesnes, d'autre à la grande rue qui conduit de la halle à la chapelle de la Belle-Croix, et d'autre à la dite route qui conduit de la grande église à la ditte chapelle de Belle-Croix, doit par chacun an, en chacune feste de saint Michel, la somme de six sols de rente foncière, cy . . . . VI s.

Tenet les héritiers du dit Coutanceau, *tenet* Vincent Gruet et sa femme.

J'ay Julien Perel, prestre, chapelain de la ditte chapellannie de Saint-Eutrope, desservie en l'église paroissiale du dit Challans, extrait et copié ce présent papier des testaments des dits deffunts messire Jehan Laurent, fondateur d'icelle chapellannie, en date du 12 aoust 1413, passé par Bloys et Boucherot ; et le testament du dit Grenon, passé par J. Camus et Girard, en datte de 1449, et iceluy du dit Boissin auguementateur susdit, et passé par Durand et Martineau, de 1505, lesqueux testaments, j'ay lu et relu, comme dit est, aussy ay collationné celuy présent papier à iceluy du dit Boissin, lequel Boissin fut fermier de la ditte chapellannie, sous deffunt Laurent Pénard, prêtre, lors chapelain de la ditte chapellannie, puisqu'au 25 janvier 1513, auquel je fus institué en la ditte chapellannie, lesqueux domaines, rentes et revenus, contenus en ce présent papier, écrit de ma main, sont de ladite chapellannie, témoins ces présentes signées de mon seing manuel et du seing manuel du notaire cy-dessous écrit, à ma requeste, aujourd'huy 8 octobre 1526.

Signé : J. PERET, chapelain.

XLII. — 1513.

Rente de 30 sols due à la chapelle de Saint-Eutrope.

Sçachent tous qu'en la cour du scel établi aux contrats en la ville et châtellenie de Luçon pour révérend Père en Dieu et seigneur du dit lieu, par devant moy Jean Rousselot, clerc notaire juré d'icelle cour, ensemble en la cour ecclésiastique du dit révérend, à son siège et auditoire, par devant moy Nicolas Pinault, prêtre, notaire et juré de la ditte cour et en chacune des dittes cours, sans quo l'execution de l'une préjudicie à l'autre, mais soient l'une par l'autre, plus ferme, corroborée et approuvée, ont étez presents et personnellement établis en droit vénérable et discrete personne, Maitre Laurent Penard prêtre et chapelain de la chapelainie de Saint-Eutrope, desservie en l'église de Notre-Dame de Challans, en diocèse dudit Luçon et en dit nom d'une part, et Toussaint Bernard, demeurant au dit bourg de Challans, lequel Penard prêtre, chapelain susdit ; avec l'autorité, congé, permission et licence du dit révérend père en Dieu Monseigneur l'évesque de Luçon, ou de Nosseigneurs ses vénérables vicaires, a baillé, cédé, délaissé, transporté et arrenté et par ces présentes baille, cede, délaisse, transporte et arrente à perpétuité et à jamais pour lui et pour ses futurs successeurs et chapelains de la dite chapelainie Saint Eutrope, au dit Bernard présent, stipulant et acceptant le dit arrentement, cession et transport, pour lui, les siens, hoirs, héritiers et successeurs et ayant cause de lui à lavenir, scavoir est une maison *teublyne* avec le jardin contigu à icelle, ses appartenances, et dépendances de cairuy et cairuyages, sise et située, en dit bourg de Challans et autrefois léguée et délaissée à la dite chapelainie Saint-Eutrope, par defunt messire Nicolas Voisin, prêtre, en son vivant oncle du dit Bernard, tenant d'un côté la dite maison à la grande rue du dit bourg de Challans tirant de la ville à la halle du dit lieu et contigu à la maison de messire Gilles Coutanceau, prêtre, d'autre au jardin de Guillaume Bodin.

Item quinze sols d'annuelle et perpétuelle rente que doit par chacun an à la dite chapelainie Guillaume Bodin et Mathurine Poilelle sa femme, sur un appentif, joignant la dite maison et jardin dessus confrontez, autrefois légué le dit appentif ès dits Bodin et Poilelle sa femme à la charge de payer par chacun an à la dite chapelainie la dite somme de quinze sols ;

Item plus la somme de six sols due d'annuelle et perpétuelle rente à la dite chapelainie par le dit messire Gilles Coutanceau, prêtre et ses futurs successeurs, sur sa maison et verger, où de présent il fait sa continuelle résidence ;

Item un petit paturau, planté en vergnes, épines et ronses, contenant en tout un petit journau de terre, assis en fief de l'église de Challans, tenant d'une part au paturau qui fut autrefois à Michau Rolland, qui de présent est à Jean Durand, d'autre à la Vrignais de Guillaume Penard, d'autre au chemin qui conduit de la bonne fontaine au Chambourg ; fait le dit arrentement, cession et transport par le dit Penard chapelain susdit, avec le congé, licence et permission du dit Révérend, comme dit est, au dit Bernard pour le prix et somme de trente sols tournois, d'annuelle et perpétuelle rente, rendable, payable et portable par le dit Bernard et les siens et qui cause auront de lui en lavenir au dit Penard prêtre, chapelain susdit et aux futurs chapelains de la dite chapelainie de Saint-Eutrope, ycelui Penard chapelain stipulant et acceptant pour eux par chacun an, en chacune feste de Notre Seigneur, à commencer le premier payement de la dite rente de trente sols tournois à la feste de Noël prochain venant et continuer doresnavant par chacun an en semblable feste, à la charge de payer par iceluy Bernard et les siens tous et chacuns les cens, rentes, charges et devoirs, dûs à cause des dites maison, verger et paturau, ès seigneurs féodaux à qui ils sont dûs les dits quinze sols de rente dûs par

le dit Guillaume Bodin et Mathurine Poillelle, sa femme ensemble les six
sols de rente perpétuelle dûs par le dit messire Gilles Coutanceau le premier
jour d'avril 1513.

Signé : ROUSSELOT ET PINAULT

XLIII. — 1515

Testament de Mathurine Rolland en faveur de pieuses fondations.

Au nom du Père, Fils et Saint-Esprit, Amen, je Mathurine Rolland,
veuve du défunt Gilles Penard, demeurant au bourg de Challans, là, Dieu
mercy, saine d'entendement et de pensée, fais mon dernier testament, mes
dernières ordonnances et volonté, en la forme et manière qui ensuit ; premièrement je recommande mon âme à la benoiste Trinité, à la glorieuse
Vierge Marie et à tous les saints et saintes du Paradis, et mon corps à la
sépulture de notre mère Sainte Eglise, laquelle j'élis en l'église de Challans
devant l'autel de la Madeleine ;

Item je veux et ordonne que pour le salut et remède de mon âme et de
mes défunts parens et amis trépassez, soit dit et célébré en la dite église le
nombre de cent messes, sçavoir le jour de mon obit cinquante, dont trois à
notes avec diacre et sous-diacre, vigile, litanie et autres solennités accoutumées être faites pour les trépassez et le jour de mon septième pareilles
autres cinquante messes en la manière susdite avec vigile et vespres des
morts.

Item je veux et ordonne que mes exécuteurs fassent dire et célébrer en la
dite église de Challans, incontinent après mon décès par chacun jour de l'an
une messe de requiem à notes, avec vigiles et vespres des morts ;

Item je donne et lègue perpétuellement au curé dudit lieu de Challans un
boisseau de seigle, que doit Jeane Rollande de la Taraudière, de rente
annuelle et perpétuelle, comme appert par la transaction sur ce faite et
passée pour et afin que le curé du dit lieu ou ses vicaires disent perpétuelle
ment par chacun des susdits jours sur mon ensépulture les répond et col-
lecte des trépassez ;

Item je donne et lègue perpétuellement à la fabrice de Challans le nombre
de trois boisseaux de bled, mesure rase de Comquiers, sçavoir deux boisseaux
de froment et un boisseau de seigle, que me doivent Aimé-André Caillon et
Tarauds du Chambourg de rente annuelle et perpétuelle, pour être participant ès bienfaits des paroissiens de la paroisse du dit lieu ;

Item je donne perpétuellement par cestui mon présent testament à Yvon-

nette Penard, fille de défunt Jacques Penard mon fils, à Méry Bonneteau et
Gillette Pénard sa femme, à Hugues Potin et Jeanne Penard sa femme, mes
filles, tous et chaqu'uns mes biens meubles et choses sensées pour meubles,
avec tous et chacuns mes acquêts et conquêts, en quelques lieux, fiefs, seigneuries et jurisdiction qu'ils soient sis et assis, sçavoir à la dite Yvonnette
un tiers, audit Potin et sa femme, un autre tiers, et ce pour les bons et
agréables services, amitiés et courtoisies qu'ils et chaqu'un d'eux m'ont fait
au tems passé et que j'espère qu'ils me feront au tems avenir, dont je les
tiens quitte et les relevant de toutes charges de preuve pour dyceux dits
biens jouir eux et les leurs perpétuellement, incontinent après mon décès.

Fait et passé à Challans le 10ᵉ jour de juillet de l'an 1508. Est écrit un
vidimus en latin daté du 5ᵉ jour de janvier de l'an 1515.

Signé : G. Bodin et J. Boutin.

XIV. — 1522.

*Arrentement fait par Maître Julien Peret, prêtre, à Etienne
et Jehan Cercleron, frères, par lequel il paraît être du une
livre de rente à Saint-Eutrope.*

Sçachent tous présents et avenir que ès cours de Commequiers en l'Archidiaconé d'Aizenais, pardevant nous Jehan Camus et Toussaint Bernard,
notaire jurés et passeurs respectivement d'ycelle et en chacune des dittes
cours, tant conjointement que divisement, sans que l'exécution de l'une
d'ycelle puisse nuire, préjudicier et empescher l'exécution de l'autre, mais
soient l'une par l'autre plus ferme, vallable et tenable et ces présentes plus
corroborées, ont été présents et personnellement établis en droit messire
Julien Pairet, prêtre, en nom et comme chapellain de la Chapellannie de
Saint-Eutrope desservie en l'église paroissiale de Notre-Dame de Challans,
d'une part, et Jehan et Etienne Cercleron, frères germains, demeurants en
village de la Cailletiére, paroisse du dit Challans, d'autre part, lesquelles
partie on fait ce qui sensuit, s'est ascavoir que le dit Peret, prêtre, en nom
susdit de son bon gré, pure et absolue volonté et sans aucun parforcement,
a baillé, ceddé et transporté et arrenté, et par ces présentes, baillo, cedde,
transporte et arrente, à jamais perpetuellement pour luy et ses successeurs
chapellains de la ditte chapellannie, aux dits Jean et Etienne Cercleron à ce
présents, prenant, stipullant et acceptant pour eux et les leurs et causes ayant
d'eux et qui demeureront au dit lieu, village et tenement de la Cailletiére
seulement ; sçavoir est une pièce de terre plantée en bois et épines et contenant en soy deux journaux de terre ou environ, assis en fief do Commequiers,

tenant d'une part au charaud qui conduit du dit village de la Cailletière au bourg du dit Challans, d'autre part aux terres de Jehan Durand, qui furent à Blois, d'autre au bois des frères et sœurs de deffunt Guillaume Penard, et d'autre au pré d'Etienne Regnaudineau, qui fut à deffunt Jacques Bouffy, fossé et baye à l'entour. Fait le dit arrent ment perpétuel et irrévocable aux dits Cerclerons, par le dit Peret, prêtre en nom susdit, pour le prix et somme de vingt sols tournois de rente annuelle et perpétuelle, laquelle rente de vingt sols tournois, les dits Cerclerons et chacun d'eux, tant pour eux que pour les leurs susdits, doivent, sont tenus et ont promis rendre, bailler et payer à jamais au dit Peret, prêtre et à ses successeurs chapellains de la dicte chapellenie, chacun an, sans parcelle n'y division être faitte, et sans aucune sommation n'y requeste, par un même et seul payement, en chacune feste de saint Michel, archange, à commencer le premier payement, à la feste de saint Michel prochaine venant et de continuer en avant en chacune ditte feste, et pour payer et acquitter en outre par les dits Cerclerons et les leurs susdits à jamais, perpétuellement, six chapons de cens dû au bailliage de Challans, en chacune feste de Noël ; Item en outre les dits Cerclerons sont tenus et ont promis aracher et desgater la ditte pièce de terre et ycelle convertir en pré et bien convenablement dans trois ans venant prochains, en outre tenir, posséder, exploiter perpétuellement par les dits Cercleron et les leurs susdits, la ditte pièce de terre dessus confrontée paisible, franche et garentie, du consentement du dit Peret, prestre, au nom susdit, lequel pour luy et ses successeurs chapellains de la ditte chapellannie, a ceddé et transporté, cedde et transporte aux dits Cerclerons et les leurs sus lits, tous les droits, noms raisons, actions et procession qu'il y avait et pouvait avoir en laditte pièce de terre et s'en est dévestu et dessaisy, et en a vestu et saisi les dits Cerclerons....

Quant à ce, fut fait et passé au lieu de Challans, en la maison de Thibaud le 29ᵉ jour de décembre 1522.

Signé : CAMUS et BERNARD, notaires.

XLV. — 1525.

Echange fait entre messire Julien Peret, prêtre, chapelain de Saint-Eutrope et Jehan Durand, par lequel il paraît que le dit Durand a donné audit Peret 20 sols de rente.

Sçachont tous présents et avenir que ès cours de la chatellannie du fief Thaveau, de l'archidiaconné d'Aizenais, par devant nous Mathurin Voisin et Gabriel Bodin prêtre, notaires jurés et passeurs respectivement d'ycelle et en chacune des dittes cours, tant conjointement que divisament, sans que l'exécution de l'une d'ycelle puisse nuire, préjudicier et empêcher l'exécution de l'autre, mais soient l'une et l'autre plus ferme, vaillable et tenable et ces présentes plus coroborées, ont été présents et personnellement établis en droit discret homme, messire Julien Peret, prêtre, au nom et comme chapellain de la chapellannie de Saint-Eutrope, desservie en l'église de Challans, d'une part, et honeste homme Jehan Durand, marchand, demeurant au bourg du dit Challans ; lesquelles parties ont fait et passé les échanges qui s'ensuivent, c'est asçavoir que le dit Peret, prêtre, au nom susdit, de son bon gré, pure et absolue volonté, et sans aucun parforcement, a baillé, ceddé et transporté, et par ces présentes baille, cedde et transporte au dit Durand à ce présent, prenant, stipulant et acceptant, pour luy et ses successeurs, chapellains de la ditte chapellannie ; sçavoir est une pièce de pasturaud, contenant deux journaux ou environ, laquelle pièce souloit être en bois assis en fief de Commequiers, près le village de la Cailletière, tenant d'une part au chemin qui conduit de la halle du dit Challans à la Cailletière, d'autre part au chemin qui conduit de la fontaine de Challans aux Plantes, d'autre au pré que tient Etienne Renaudineau qui fut de Bouffy et d'autre au bois qui est aux héritiers de deffunt Guillaume Penard, franche, et quite en payant les droits féodaux seulement dus pardessus ; et pour retour et récompense et contre échange, le dit Durand a baillé, ceddé, délaissé et transporté, au dit Peret, prêtre, en nom susdit, à ce présent, prenant, stipulant et acceptant pour luy et ses successeurs chapellains de la ditte chapellannie ; sçavoir est la somme de vingt sols monnoyes tournois, et contracts de rente annuelle et perpétuelle, que Pierre Gallois, de la Taraudière, Valentin Mornet et autres héritiers de deffunt Colas Gallois, doivent chacun an, de rente foncière, au dit Durand, en chacune feste de saint Michel, pour raison de leur grand pré assis près le village de la ditte Taraudière, comme apert par les lettres sur ce fait et passé,...... ont ceddé et transporté les dittes parties l'une en l'autre, mutuellement tous les droits, noms et raisons, actions, propriétés et seigneuries, qu'elles avaient, avoir pouvaient et devaient ès dittes choses et s'en sont dévestus et dessaisis et en ont vestu et saisi l'une et l'autre et établi vrais seigneurs, propriétaires accesseurs et pocesseurs, comme de leur propre chose et domaine,... avec le bon plaisir de très Révérend Père en Dieu et seigneur, Monseigneur Louis de Bourbon, cardinal de Sainte-Sabine, evesque et seigneur de Luçon, ou de Messeigneurs ses vicaires, lesquels je prie d'y metre et apposer leur *duret*.....

Quant à ce, ce fut fait, donné et passé en bourg du dit Challans, à la maison du dit Durand, le premier jour du mois de may l'an 1525.

Signé : Bodin et Voisin, notaires.

XVLI. — 1528.

*Transaction par laquelle il paraît être dû 20 sols de rente à
Saint-Eutrope, sur les Chirons de Boisdecené.*

, Sçachent tous que sur les différents qui étaient entre messire Jehan Pairet,
prêtre, demeurant en la paroisse de Challans et comme chapelain de la chapellannie de Saint-Eutrope, fondée et desservie à l'église du dit Challans, à
l'encontre de Jouachim Rotureau, en nom et comme tuteur de Jehan Rotureau, enfant de deffunt Jehan Rotureau et Perine Jeanfreille, ses père et
mère, sur et à l'occasion de ce que disait et proposait le dit Pairet, comme
chapelain susdit, à l'encontre du dit Joachim, que deffunt Thomas Grenon,
en son vivant, demeurant au dit Challans, de son bon gré, pure et absolue
volonté, avait donné et légué perpétuellement au chapelain qui l'avait et aux
chapelains de laditte chapellannie, ses successeurs, plusieurs domaines et
rentes, étant en la paroisse de Boisdecené, tant pour auguementation de la
ditt⁀ chapellannie que pour dire une messe en basse voye, touttes les se-
maines à la ditte église de Challans, à l'autel dudit saint Utrope, tant pour
l'âme du dit Grenon que de ses autres parents tant vivants que trépassés, et
entr'autres choses, vingt sols tournois de rente fontière, annuelle et perpétuelle à luy due, à cause et sur une maison et ses apartenances de Quairuis,
rue, ruages, entrées, issue, édifice, avec les vignes, contenant le tout ensemble le nombre de huit journaux de terre ou environ, apellés et situés au
village du Chiron, fief de la Rorte, et deux journaux de terre au fief de
Mauregard, tenant d'une part au chemin qui conduit de la Rivière à Boisdecené, d'autre au Doulx de Liard, et d'un bout au chemin que tient de
présent Gillette Potier, femme de Mathurin Thomas et autres apartenances
de celuy village du Chiron, — mais que les prédécesseurs du dit Jehan Rotureau avaient alliénné, vendu, ceddé et transporté partie des dits lieux et
aposé autres deniers, outre que les dits vingt sols tournois et les anciens
deniers étaient en préjudice dudit Pairet en nom susdit, et voulait conclure
ledit Pairet, contre ledit Joachim, à ce qu'il eut amorty les dits lieux,
ouster et faire ouster les rentes et hipotèques qui avaient été mis — et par
le dit Joachim Rotureau être dit que les dits lieux ainsy qu'ils sont confrontés, qui sont sujets et affectés au chapelain de St-Utrope, à la somme
de vingt sols tournois de rente fontière, depuis l'arrentement qui premièrement fut fait, n'eut point été, ny partie d'yceux vendue, ceddés,
transportés, ny alliennés à personnes quelconques, ny a été mis ny aposé
autres devoirs que les vingt sols tournois de rente et les deniers anciens
pardessus ;

Pardevant nous Jehan Camus et André Sauvaget prêtre, notaires jurés
et passeurs respectivement des cours de Commequiers et de l'archidiaconné
d'Aizenais, ont été présent et personnelement établis en droit, le dit
messire Julien Pairet, prêtre, en nom susdit, d'une part, et le dit Joachim
Rotureau, comme tuteur, susdit, d'autre part, lespuelles parties ont fait et
passé, ce qui s'ensuit, c'est asçavoir que après ce que le dit Joachim a
reconnu et confessé les dits lieux être sujets au dit Pairet, comme chapelain susdit et à ses successeurs, à la ditte somme de vingt sols tournois
de rente foncière, annuelle et perpétuelle, rendable et payable par chacun
an audit chapelain, en chascune feste de Nctre Dame d'Aoust, et qu'il n'y a
été mis ni aposé autres deniers, a été iceluy Pairet d'accord que ledit
Joachim et le dit Jehan Rotureau et les siens jouissent doresnavant des
dits domaines en luy payant la ditte somme de vingt sols tournois et les
deniers anciens dus pardessus...

Quant à ce, ce fut fait, donné et passé en bourg dudit Challans, le
11 octobre 1528.

Ainsy signé : Camus et Sauvaget.

XLVII. — 1530.

Echange fait entre messire Julien Potin, prêtre, chapelain
de Saint-Eutrope, et Bertrand Haigron.

Sçachent tous présents et avenir que pardevant nous Jehan Peloquin et
Guillaume Bernard, prestres, notaires jurés, respectivement des cours de
commequiers et de l'archidiaconné d'Aizenais, a esté présent et personnellement établis, discrette personne, messire Julien Peret, prestre et comme
chapellain de la chapellenie de St-Eutrope, desservie en l'église prroissialle
de Notre Dame de Challans, d'une part, et honeste personne Bertrand
Haigron et Marie Potin, sa femme et épouse, de luy suffisamment autorisée,
partant que mestier est et serait ; lequel dit Haigron, en nom et comme curateur de Guillaume et Robert Potin, enfans de deffunt Hugues Potin et de
Catherine Penard, auxquels il a promis faire avoir agréable le contenu de
ces présentes, aux premiers âges de majorité, et Jehan Potin se faisant fort
pour messire Julien Potin, prestre, auquel ils ont promis et prometent faire
avoir agréable pareillement le contenu de ces présentes, que mestier sera
et que requis seront par yceluy Peret prestre ;

Lesquelles parties ont fait et passé entre elle les échange et permutation
des domaines et héritages cy après déclarés, en et par la forme et manière
qui sensuit, c'est asçavoir que le dit messire Julien Peret, prestre, en nom
et comme chapellain susdit, de son bon gré et volonté, parce qu'ainsy luy a

plu et plait, a baillé, délaissé et transporté et par ces présentes, baille délaisse et transporte à jamais perpétuellement, pour et en nom d'échange perpétuel et irévocable, tant pour luy que pour les successeurs chapellains de ladite chapellennie auxdits Haigron et sa femme et Jehan Potin, eux faisant fors comme dessus, à ce présent, prenant, stipullant et acceptant pour eux et les leurs et cause ayant d'eux en l'avenir, asçavoir est un journau de pré, près leur métairie en la paroisse de Challans, tenant d'une part la maison et quairui de la ditte métairie des Potins, d'autre à Guillaume Thibaud et une charuye de terre apartenant ès héritiers de feu Méry Bruneteau, franc et quitte le dit journau de pré, en payant et acquittant perpétuellement par les dit Haigron et Potin, par chacun an deux chapons dus à la Recette de Bailliage de Challans, et en retour et récompense et en contre-échange du journau de prà dessus confronté les dits Haigron et Potin, de leur bon gré, et volonté, sans induction avenir, ont baillé, ceddé, délaissé et transporté et par ces présentes baillent, ceddent délaissent et transportent à jamais perpétuellement au dit Peret, prêtre, à ce présent, stipulant et acceptant tant pour luy que pour ses successeurs chapellains de la ditte chepellannie, ascavoir est une charuye de terre labourable, située et assise en fief Ratonneau, tenant d'une part au chemin qui conduit du bout du bourg de Challans à la Verrie, d'un bout aux terres de la confrairie Saint-Nicolas desservie en l'église du dit Challans ; et aux terres de Marie Barbreau, veuve de feu Pierre Blandin, et d'un côté au bois de Nicolas Camus et d'autre costé à une charuye de terre apartenant à Jehan Haigron, comme ayant transporté à Pierre Josnet et autres, franche la ditte charuye de terre cy-dessus confrontée de terrage et autres devoirs, fors du devoir féoda', du pardessus seullement au bailliage de Challans.

En témoins desquelles chouses, les dittes parties et chacune en ont donné et octroyé, l'une d'elles à l'autre, ces présentes, vallant chacune original, signés de nos seings manuels et scellés du scel des dittes cours, et chacune des dittes parties respectivement en ont été jugées et condamnées par nous susdite notaires et d'abondant admonesté à triple monition, canoniquement et respectivement par l'autorité de la ditte cour du dit archidiaconé d'Aizenais.

Quant à ce, ce fut fait et passé au dit lieu et bourg de Challans, le 20e jour d'octobre l'an 1530.

Signé : Peloquin et Bernard, notaires

XLVIII. — 1543.

*Acquet fait par Jehan Potin de Marguerite Entesseau, d'une
maison et jardin au bourg de Challans, sur lesquels il est dû
15 sols de rente à Saint-Eutrope, 8 à l'église et 8 au curé.*

Sçachent tous que pardevant nous soussecrits nottaires, ont été présents
et personnellement établis en droit Marguerite Entesseau, prévoste de Palluyau, veuve de feu Me Roland, moudurier, demeurant à Palluyau d'une
part, et honeste personne Jehan Potin, marchand, sieur de la Monelete, demeurant à Challans, d'autre part, laquelle Entesseau a de son bon gré et
volonté, vendu, ceddé et transporté et par ces présentes, vend, cedde et
transporte à jamais perpétuellement pour elle et les siens, au dit Potin à ce
présent, stipulant et acceptant pour luy et les siens, sçavoir est : une maison
ayant appentif d'un costé, avec un jardin étant par derrière ycelle, le tout
assis en bourg de Challans, laquelle maison fut autrefois à feu Toussaint
Bernard, en laquelle de présent le dit Potin fait sa résidence, contenant le
dit jardin quatre journaux à homme et se tient d'une part la ditte maison et
jardin à la rue publique par laquelle l'on va de la halle de Challans à la
chapelle de la Belle Croix, d'autre à la maison et jardin de messire Jehan
Foucaud, d'autre à un ayraud et jardin appartenant à Michaud Charier, et
d'un bout à une pièce de terre appartenant à Bertrand Haigron, un chemin
ou sentier entredeux, faite la ditte vendition par la ditte Entesseau au dit
Potin pour le prix et somme de 80 livres tournois, de laquelle somme le dit
Potin en a baillé et payé présentement et manuellement la somme de 56 livres
tournois, quelle somme elle a prins, reçue, nombrée et comptée, de manière
que d'ycelle s'en est tenue satisfaite et contente, en a quitté et quitte le dit
Potin et les siens, promettant jamais ne luy faire question ny demande ; le
surplus de la ditte somme de 80 livres montant de 24 livres tournois, le dit
Potin a promis et promet les rentes et payer à la ditte Entesseau ou ès siens
dans feste du saint Michel archange prochaine venante ; et nous a la ditte
Entesseau affirmé la ditte maison et jardin être au fief du seigneur de Commequiers et luy être sujet par chacun an à 10 sols d'une part, 3 sols 4 deniers,
comme luy semble qui ont accoutumés de lever les Religieux abbé et couvent
de Breuil-Herbaud, 15 sols au chapellain de Saint-Eutrope, à l'église du dit
lieu de Challans parcille somme de 8 sols, au curé du dit lieu semblablement
8 sols, et ne scavoir à qu'eux termes et feste et aussy de scavoir autres
devoirs être dûs sur les dits lieux que deseus.

Et ont été les dittes parties jugées et condamnées par nous Guillaume

Foucaud, et François Bardoul notaires jurés de la seigneurie de Palluyau. Quant à ce, ce fut fait et passé en la maison de la ditte Entesseau le 17ᵉ jour de décembre de l'an 1543. Signé : Foucaud, notaire et Bardoul, notaire. Le présent contrat et le contenu en yceluy a été notifé et exhibé au au greffe de la seigneurie de Commequiers, par le dit Potin, le 18ᶜ jour de décembre l'an 1543.

Signé : GIRARD, greffier Ju dit commequiers.

XLIX. — 1546.

Testament de messire Jehan Rondeau, prêtre par laquel il est dû un cierge au devant la Passion.

In nomine Patris et Filii et Spiritus Sancti, Amen. Je Jehan Rondeau, prêtre demeurant ès maison rectorialle de Challans, sain d'esprit et d'entendement, lumière et raison, combien que soys indisposé de mon corps et détenu de maladie, ne voulant décéd·ler intestat, considérant qu'il n'y a rien sy certain que la mort et rien sy incertain que l'heure d'ycelle, je fais le présent mon testament comme s'ensuit :

Je recommande mon âme à Dieu, à la glorieuse et sacrés Vierge, Mère de Dieu, et à tous les saints et saintes du Paradis.

Item, je recommande mon corps à l'ensépulture de notre Mère sainte Eglise, mon âme séparée d'yceluy ; laquelle ensépulture j'élis en cimetière de Challans au lieu où sont inhumés et entérez mes père et mère, et autres parents et amy trépassés.

Item, j'ordonne être dit au jour de mon obit, en l'église de Challans, sy faire se peut, sinon aux jours prochains subséquents, pour mon âme et celles de mes père et mère, parents et amis trépassez, trois messes à nottes, avec diacre et sous diacre, vigille, litanie, et autres obsèquss et funérailles, en tels cas accouthumez être dite en notre Mère sainte Église ; et cent cinquante messe en secret ;

Item, je veux être dit au jour de mon septième autres cent cinquante messes en secret, avec trois mess à nottes, avec diacre et sous diacre, vigille et autres suffrages en tel cas requis ;

Item, je veux et ordonne que mes héritiers entretiennent à perpétuité au devant la représentation de la mort et passion de N.-S. J.-C. en la ditte église de Challans, un cierge de cire qui de présent y est, laquelle fondation et dotation du dit cierge, je constitue et assigne universellement sur tous mes biens quelconque, par spécialement sur une charuye de terre étant ès Minées, près lé bourg de Challans, tenant d'une part à une boisselée de

terre qui est au prieuré du dit Challans, d'un côté à mon Verger, et d'autre
à la terre de messire Jehan Fouquaud, prêtre ;

Item, je donne et lègue à Marguerite et Perine Rondeau, mes sœurs, à
partager par moitié 40 livres tournois ;

Item, je donne et lègue tout le reste de mes biens à Jacques et Françoise
Rondeau, mes frère et sœurs germains.

Item, je veux et ordonne être fait par chacun an et tel jour que de droit,
en l'église de Challans et au grand autel d'ycelle, trois messes à nottes, avec
diacre et sous diacre, par le curé ou les vicaires du dit lieu, auxquels je
veux être payé 3 sols et 4 deniers, que j'assigne spécialement sur mon logis
et maison étant au bout de la petite rue du dit Challans vers la bonne
fontaine ;

Item, je lègue aux dittes Marguerite et Perine, par moitié, ma maison et
ses appartenances, que j'ay acquis des héritiers de feu messire Martineau,
située au bourg de Challans, près la Basserie, tenant d'une part à la maison
de Jeanne Giraude, d'autre à la grande rue de Challans et d'un bout à la
petite rue qui conduit au fief Ratonneau, en payant par elle, deux sols, six
deniers de rente foncière due au chapelain de la chapellanie fondée par le
dit Martineau ;

Item, je donne et lègue à la ditte Perine ma petite robe noire et à la ditte
Marguerite ma robe de tous les jours avec un anneau d'argent que j'ay
et la moitié de ma vessel d'étin, la lingerie qui est de présent en une arche,
leur meuble, de plus dix aunes de toille qu'elles feront faire du filet qui
est en ma pocession ;

Item, je donne et lègue à mes dittes sœurs le lit où de présent je suis
couché, garry de son travers et de sa couverte et ma couchette qui est en ma
maison de la Bonne Fontaine. Je donne à Jacques mon frère, pour par princi-
pu, le droit que j'ay acquis de luy en l'ouche Ferrasin, en village de la
Charie ;

Et pour le présent mon testament excuter, j'élis messires Jehan Renoult
et Guillaume Voisin, que je prie de prendre le fait et charge..... Le présent
mon dit testament, dont à ma requeste, en ay été jugé et condamné par
Jehan Haigron et Gilles Haigron, notaires de la seigneurie de Commequiers.
Quant à ce, ce fut fait, voulu et consenty, en bourg de Challans, en la maison
rectoriallo, le 14ᵉ jour de septembre 1546.

Signé : HAIGRON, notaire.

L. — 1550

Echange fait entre Jacques Baudet, prêtre chapelain de Saint-Eutrope, et Jehan Durand, par lequel il est dû 1 livre 5 sols de rente à la chapellenie de Saint-Eutrope.

Sçachent tous presents et avenir qu'en la cour du scel établie aux contrats en la baronnie et seigneurie de La Garnache, pardevant nous Mathurin Voisin et Jehan Briand, notaires jurés d'ycelle, ont étés présents et personnellement établis en droit discrette personne, messire Jacques Baudet prêtre demeurant au village de Logerie, paroisse de Challans, en nom et comme chapelain de la chapellanie de Saint-Eutrope, desservie en la ditte église, d'une part, et honeste homme Jehan Durand, marchand, demeurant au bourg de Challans, d'autre part, lesquelles parties ont fait et passe les échanges qui s'ensuivent ; c'est asçavoir que le dit Baudet prêtre, en nom susdit de son bon gré, pure et absolue volonté et sans aucun parforcement a baillé, ceddé, délaissé et transporté et par ces présentes baille, ceddo, délaisse et transporte, audit Durand à ce présent, prenant, stipulant et acceptant pour luy et ses successeurs, sçavoir est une terre contenant quatre journaux ou environ, étant partie en mothe, assise eu fief Clavier, tenant à une Rouchère apartenant à Monsieur des Loires, et à un pasturaud apartenant aux héritiers de messire Nicolas Bordier prêtre, franc et quitte le dit pré en payant dix-huit deniers de cens par chacun an audit sieur de la Verrie — et pour retour et recompense et pour contre-échange ledit Durand a baillé, ceddé, délaissé et transporté au dit Baudet, la somme de vingt-cinq sols tournois et courant de rente foncière, annuelle et perpetuelle que messire Mathurin Cormier et Lucresse Bruneteau, sa femme, demeurant au bourg de Sallartaine, luy doivent par chacun an de rente foncière, en chascune feste de Saint-Michel, sur le village et tènement de la Lorencerie, situé en laditte paroisse de Sallartaine, tenant d'une part le chemin qui conduit dudit bourg de Sallartaine à La Lande, d'autre part le chemin qui conduit de la Garnache à Beauvoir-sur-Mer......

Fait et passé en bourg de Challans en la maison de Robert Potin, le 5ᵉ jour de janvier 1550.

Ainsy signé : M. Voisin et J. Briand, le protocole est en ma garde.

LI. — 1554.

Précis d'un contrat de rente entre la fabrique de Challans et Guillaume Leffet, marchand boucher.

Sur le différent et procès qui était en matière de criée, entre Jean Potin ci-devant fabriqueur de l'église et fabrice de Challans, d'une part et Guillaume Leffet, deffendeur d'autre part, sur ce que le dit Potin, au dit nom, en vertu de certain mandement en date du 10 novembre dernier, Signé : Doyneau et Gilbert, avait fait faire, par Jacques Millet, sergent royal en Poitou, le 19 février dernier, commandement audit Leffet de luy payer la somme de 80 livres tournois, pour la ferme de prez de l'église de Challans, pour l'année commençant le 7 février 1561 et finissant à la Chandeleur suivante, par obligation signée : J. Renoul et J. Briend et par lequel ledit Leffet avait obligé et hypotéqué, pour le payement de laditte somme, tous les biens meubles et immeubles, et parce que ledit Leffet avait refusé de payer, ledit Potin a saisi ses biens, les a mis en la main du Roy notre sire et en criées, sçavoir 1° la moitié de la maison et hôtel auquel réside ledit Leffet, situé au bourg de Challans, avec pareille portion de la grange ou estable de ladite maison et des jardins d'ycelle, partant avec Yves Clautour et Catherine Leffet sa femme et à cause d'elle, tenant d'une part à la grande rue du dit Challans, d'autre à la maison et jardin de Lucas Leffet et d'autre à la maison et jardin où réside et qu'exploite Jean Martineau, *barbier*, plus la quarte partie d'une place de prez appellez le grand prez de la Chacoy, partie d'une autre place de prez appellez la Conaille, partant par indivis avec messires Jean et Mathurin Perret et ledit Lucas Leffet, en l'Islatte, fief de Comquiers, contenant ledit grand prez trois journaux et le dixième d'un quart de journaux à la galle, joignant le prez de Chantebuzin tenant d'un costé le prez aux veaux, et d'autre un petit agorgneau et le prez de la Conaille, contenant à la galle un journau et demi, tenant d'un costé au cairuy de la Chacoys, fossé entre deux, et d'autre la Charau qui conduit des terres de la Cigogne ; et la première desquelles criées, pendait à la date de ces présentes, sur ce que le dit Leffet disait qu'il y avait été empêché en partie des dits prez par Symon Gaborit et autres et tendait à diminution de la dite somme, tandis que le dit Potin ne savait rien des dits empeschements, s'est ensuyvi l'accord et transaction cy après, parce est que aujourd'huy, datte de ces présentes, ont étez présents et personnellement établi en droit le dit Guillaume Leffet, marchand boucher demeurant audit bourg de Challans, d'une part et maitre Jean Pelloquin à présent procureur et fabriqueur

de la ditte église de Challans demeurant au dit bourg de Challans,
d'autre part ; lequel Leffet après avoir fini et composé avec ledit Potin
à la somme de 81 livres tournois pour le principal et frais et dont il demeure quitte, de son bon grez a vendu, cedé et transporté et par ces présentes vend, cedde et transporte à perpétuité, pour la somme de 81 livres
tournois, à ladite église et fabrice de Challans, ledit Pelloquin, au dit nom,
présent stipulant et acceptant, sçavoir est la somme de 4 livres tournois de
rente annuelle et perpetuelle, et laquelle ycelui Leffet sera tenu et a promi[s]
payer à la dite église et fabrice, par chacun an, en chaqu'un quatrième jour
de mars, à commencer le premier payement à demain 4e dudit mars en un
an, et laquelle rente de quatre livres tournois ledit Leffet sans déroger à
l'hypothèque généralle, mais ycelle continuant et corroborant, a constitué
et assigné universellement tous et chacuns ses meubles et immeubles — et
pourra ledit Leffet amortir la dite rente d'aujourd'huy en cinq ans, en
payant le principal, les arrérages et les loyaux coûts......

Le 1er dimanche de Carème, 3e jour du mois de mars, l'an 1554.

Signé : VINCENDEAU.

LII. — 1559.

Acte de propriété du prez Ragon et de la Cortinne.

Sçachent tous que pardevant nous notaires soussignez jurez, de la baronnie et seigneurie de Comquiers, ont été présents et personnellement établis,
Alain Chauvet, demeurant au bourg de Challans, Guillaume Chauvet, demeurant au village de la Moriniere, paroisse dudit Challans, et Pierre Chauvet à présent demeurant au bourg de Saint-Denis de la Chevasse, d'une
part, et maltre André Vincendeau, demeurant en ce dit bourg de Challans,
contractant en nom et comme fabriqueur et procureur de l'église et fabrice
dudit Challans, d'autre part, lesquels Chauvet, un seul pour le tout, renonçant au bénéfice d'ordre, discussion et division, de leur bon grez ont vendu,
cedé, délaissé et transporté comme ils font par ces présentes à perpétuité,
pour eux et les leurs, au dit Vincendeau, en dit nom stipulant et acceptant
pour la dite église et fabrice, sçavoir est trois journaux de prez en une place
appellé le prez Ragon, en l'Yslate et fief dudit Comquiers, tenant d'un côté
et d'un bout au prez de Michau Charrier, mestayer d'autre au petit lopin
appartenant ès dits Chauvet, d'un bout à la grande lande des dits Chauvet,
sujets les dits trois journaux et chaqu'un d'yceux à deux deniers de cens
par chacun an au dit seigneur, et le dit prez transporté avec ses droits et
toutes servitudes sur les prez des dits Chauvet, plus trois quarts de journaux de prez appellé le prez de la Cortinne en dit fief de l'Yslatte et y sujet

au dit seigneur de Comquiers, à la raison de deux deniers de cens par journaux par chacun an, tenant d'un côté au petit prez de feu messire Antoine Voisin, d'autre au prez de Jean Nauleau, d'un bout au chemin qui conduit de la Chaussée-Chaslon à la Chatrie, la ditte vendition faitte par les dits Chauvet en manière que dessus au dit Vincendeau, en dit nom pour la somme de 103 livres tournois qu'ils devaient à la ditte fabrice pour la ferme des prez de la ditte église pour l'année commençant le 6 février 1557 et finissant à la feste de la Chandeleur lors prochaine suivant 1558.

Fait et passé en la maison de moi le dit Bretonneau, le 10 novembre 1559.

Signé : RENOUL.

LIII. — 1560.

Précis d'un acte d'arrentement de domaines situez aux Raillères.

Sçachent tous que pardevant nous notaires soussignez ont étez présents et personnellement établis en droit Denis et Jacques Barriens, frères demeurant en Sallartaine, eux se faisant forts pour Ozane Bonin femme dudit Jacques et le dit Denis se faisant fort pour Marie Barrien, sa fille et de defuncte Catherine Bonin sa femme en son vivant, auxquelles comme dessus ils promettent faire avoir agréabl le contenu de ces présentes, à peine de tous dépens, dommages et intérêts, lesquels de leur plein gré et volonté et parce qu'ainsy leur a plu et plait, ont baillé, cédé, délaissé et transporté et arrentez et par cés présentes baillent, cèdent et délaissent, transportent et arrentent à perpétuité, pour eux et les leurs et qui cau se auront d'eux à Simon Bonin et Gabriel Coustanceau, laboureurs, demeurant en la paroisse de Challans, à ce présent, stipulans et acceptans pour eux et les leurs à perpétuité, chacun par moitié, sçavoir est tous chacuns les droits de domaine, héritages et biens immeubles aux dits Barrien frères, ès dits noms, appartenant au village, tennement, appartenances et dépendances du village de Rallières, en la paroisse de Challans, soient jardins, cairvys, rues, ruages, prez, pasti, pasturaux, terres labourables, brandes, landes et autres, lesquels domaines furent à défunt Jean Bonin en son vivant père des dittes Ozane et Catherine, les dittes choses situées en fief de Comquiers et fief Gaschard, et sujettes, chacun an, avec le parsus dudit village à certains devoirs féodaux que les parties ont assuré de leur serment ne pouvoir déclarer ; le dit arrentement fait pour payer chacun an au terme et feste de Monsieur Saint-André la somme de dix sols tournois d'annuelle et perpétuelle rente foncière, payable sans division.

Le 1e jour de décembre 1560

Signé : BOUFFARD et BODIN.

LIV. — 1564.

Titre portant la propriété d'un prez appellé la Minée et du quart dans le prez Moreau.

Sçachent tous que .pardevant nous notaires soussignez ont estez présents et personnellement établis en droit, maître André Vincendeau, en nom et comme procureur sindic, Jean Gaborit et Jacques Briand, fabriqueurs de l'église et fabrice de Challans, Méry Bonneteau, Jacques Regnaudineau et Jacques Baudet prêtre et vicaire de la dite église de Challans, messire Nicolas Bonin, prêtre, messire Jean Renoult, messire Mathurin Voisin, Mathurin Cercleron, Pierre Rondoyeau, Clément Naullet, Barnabé Potin, Jean Vincendeau, Jacques Bonau, Nicolas Cougnaud, François Grallon, Vincent Brossard, Pierre Groisard, Lucas Leffait, Guillaume Leffait, Denis Boessin, Jean Regnauldet, Claude Gauvard, Simon Repoget, Pierre Boquillard et Jean Moreau, les tous manants et habitants de dite paroisse de Challans et en faisant la plus saine partie, d'une part ; et discrette personne, messire Jean Peret prêtre et damoiselle Catherine de Bougrenet, veuve Mathurin Peret, sa belle-sœur, pour ses enfans d'elle et du dit defunt Mathurin Peret, demeurant au village de la Juisière, paroisse du dit Challans, lesquels..... tous cejourd'huy dimanche 17ᵉ jour de décembre l'an 1564, convoquez et assemblez au son de la cloche, à issuë de grande messe paroissiale, ont fait les échanges et permutations des domaines et héritages à eux apartenant en la forme et manière comme il s'ensuit, c'est asçavoir que le dit Vincendeau et autres paroissiens dessus nommez ont baillé, cedé, délaissé, transporté et échangé et par ces présentent baillent cedent, délaissent, transportent et échangent à perpétuité és dit Peret et Bougrenet veuve, stipulant et acceptant, sçavoir est une place de prez ou pasturau contenant un journau et demi ou environ, en fief du prieuré de Challans avec toutes et chacunes ses apartenances et dépendances quelconques et y sujete par chacun an au terme de Noël, à dix deniers de cens au dit seigneur des Plantes et au dit prieuré à deux deniers de cens par chacun an, au terme de Nouël, tenant d'un côté à l'ouche et prez des dits Peret et de Bougrenet, appelez le petit prez des Peret, étant en dit fief du prieur et au pastureau des dits Peret et de Bougrenet appellez les Cairuys des Perret, d'un bout à la vigne de Lucas Leffait appellée Grispellé, un fossé public entre deux, le dit pasturau avec le prez dessus déclaré étant des apartenances des église et fabrice du dit Challans ; et en retour et récompense, les dits Perets et de Bougrenet ont aussi baillé..... aux dits pa-

roissiens susnommez stipulans et acceptans, sçavoir est une place de prez
appellée la Minée contenant un journau et demi, assis au marais de l'Yslate,
fief du seigneur de Comquiers et y sujet à deux deniers de cens par chacun
journault et en chacun an, payables à deux termes, ès terme de Saint-
Gervais et de Saint-Martin d'hyver, tenant d'une part au pré d'Ysabeau
Bonin, veuve Jean Daniel, d'un côté la Charau qui conduit de la Chaussée-
Challon à la Taillée ; plus la quarte partie d'une place de prez, contenant
trois journaux, appellez le prez Moreau, situé en dit marais de l'Islatte, fief
du seigneur de Comquiers, et y sujet à pareil devoir que dessus, tenant
d'un bout la charau qui conduit de la Chaussée Challon à la Suze.

Le 17ᵉ jour de décembre 1564.

Signé : PERDRIAU et BOUFFARD, notaires.

LV. — 1566.

*Précis d'un acte de transaction entre le sieur Buord, sa femme
et les fabriqueurs, par laquelle le dit Buord renonce aux
droits qu'il prétendait sur deux charruyes et demie de terre,
léguées à l'église par Jacques Mossard, à la charge de donner
le pain bénit le jour de Tous les Saints.*

Sur le différend et procès qui était prêt à mouvoir entre Claude Buord,
écuyer et damoiselle Marie de Mairé, sa femme, et dame de Boisgente,
d'une part, et les procureurs fabriqueurs, manans et habitans de la paroisse
de Challans, d'autre part, sur ce que les dits Buord et sa femme, disaient
que défunt Jacques Mossard, en son vivant premier mari de la dite de Mairé,
entre autres domaines, était seigneur et possesseur d'une terre contenant
deux charruyes et demie ou environ, près le bourg de Challans, tenant
d'une part la terre de Jean Durand, qui fut à Camus, sentier entre deux,
d'autre la terre de Lucas Leffet, d'un bout au chemin qui conduit du dit
bourg à la Caillonnière, et d'autre bout au chemin qui conduit de la maison
Besseau à la Marchaisière, comme le dit Mossard avait donné à la dite de
Mairé tous ses biens, meubles, acquêts, conquêts de communautés, immeubles et la tierce partie de son domaine ancien, que sous le dit don était
comprise la ditte pièce de terre ; tendent yceux Buord et de Mairé à déclaration de fond de la dite pièce de terre, ce faisant à ce que les dits procureurs fabriqueurs et habitants du dit Challans eussent à les en laisser et
souffrir jouir et rendre les fruits depuis le décès du dit défunt Mossard et en
cas de contradiction aux dépens, dommages et intérêts, par lesquels procu-

reurs, fabriqueurs, manans et habitans du dit Challans était dit que le dit
Mossard par son testament et dernière volonté avait donné et légué à la dite
église et fabrice de Challans la dite pièce de terre pour en jouir à perpétuité
à la charge de bailler le pain béni en ladite église en chacune feste de Tous-
saints, avec autres charges à plein mentionnées par le dit testament; comme
depuis le dit décès du dit défunt ils avaient quittement joui de la dite terre
et accompli les charges portées pour ce regard par le dit testament, aussy
par accord fait entre les dits de Mairé et héritiers du dit défunt, et par ce
moyen les dits Buord et de Mairé entendaient yceux de Challans être en-
voyés avec dépens ; sur quoi a été fait l'accord et transaction qui s'ensuit ;
pardevant nous notaires soussignez jurez de la baronnie et seigneurie de la
Garnache ont étez présents et personnellement établis en droit les dits Buord
et de Mairé conjoints, demeurant au dit lieu de Boisgente, paroisse de Sa-
lertaine, d'une part, et Louis Carré, marchand, demeurant au bourg du dit
Challans, conntractant au nom et comme fabriqueur de l'église et paroisse
dudit Challans, d'autre part ; lesquels Buord et de Mairé, après avoir considéré la teneur du testament du dit défunt Mossard, que le don et legs fait
par le dit défunt Mossard à la dite église et fabrice est pour cause pitoyable,
aussy les accords faits entre eux et les héritiers du dit défunt Mossard et
autres causes à ce les mouvant, de leur bon grez, pure et libre volonté, se
sont désistés et départis, et par ces présentes se désistent et département de
tous et chacuns les droits, parts et portions qu'ils pouvaient avoir et pré-
tendre ès dites deux charruyes et demie de terre dessus confrontés, ont renoncé et renoncent au profit de la dite église et fabrice de Challans, ratifient
et approuvent le dit légat fait par le dit défunt Mossard à la dite église et
fabrice de Challans par son dit testament.

Le 21e jour de juin 1566.   Signé : Cormyer.

LVI. — 1566.

Acte par lequel il est dû au curé de Challans une rente de sept
sols sur le prez de la Pointe.

En la cour de Saint-Denis de la Chevasse pour Monsieur du dit lieu, pardevant nous Laurent Le Jay et Gilles Gauvreau, notaires jurez de ladite cour,
ont étez présents et duement établis en droit et soumis, vénérable personne
maistre Maurice Lejoay, prêtre, curé de Saint-Denis et de Challans demeurant au dit bourg de Saint-Denis, d'une part, et maistre Hugues Potin,
demeurant au dit bourg de Challans, d'autre part, lequel dit en nom et

comme curé du dit lieu de Challans, voulant le profit et utilité de sa dite cure,
avec l'autorité, bon congé et permission de Monseigneur l'évêque de Luçon
ou de Messieurs ses grands vicaires, de son bon grez et volonté, et parce
qu'ainsy lui a plu et plait a baillé et arrenté et baille, arrente par ces présentes, tant pour lui que pour les futurs curés du dit lieu et causes ayants,
au dit Potin, à ce présent, stipulant et acceptant le dit arrentement perpétuel, pour lu², les siens et cause ayant perpétuellement, sçavoir est la
tierce partie par indivis et dont les trois tiers font le tout, de trois journaux
de prez ou environ, situez en l'enclause de l'Ilatte, paroisso du Périer, avec
pareil droit des apartenances et fossés, et vulgairement appellé le pré de la
Pointe, tenant d'une part au prez du Chat, appartenant à Jean Durand,
d'autre à une terre des héritiers de mademoiselle des Rallières, étant en fief
de Comquiers et y sujet à certaines charges que les parties n'ont pu déclarer ; fait le dit arrentement perpétuel pour le prix et somme de sept sols, six
deniers tournois, payables doresnavant par le dit Potin et les siens au dit
Jeay, curé et ès dits futurs curés, par chacun an, et en chacune feste de
Saint Jean Baptiste....

Fait et passé au-dit bourg de Saint-Denis, en la maison de moy le dit
Laurent Le Jeay, le dernier jour de juin 1566.

Signé : Le Jeay et Gauvreau, notaires.

LVII. — 1573.

Acte de ratification de l'arrentement sur le prez de la Pointe.

Sçachent tous que pardevant nous soussignez notaires jurez et retenus à
la baronnie de Montaigu et y résidant, a été personnellement établi vené-
rable personne Me Nicolas Robin, de présent curé-recteur de la paroisse de
Challans, lequel après avoir eu communication et pris lecture de certain
contrat d'arrentement fait par Maurice Jay, précédent curé de la cure de
Challans, d'un journau de prez assis en la paroisse du Périer, au quartier de
l'Ilatte, appellé le prez de la Pointe, à plein confronté par le dit contrat, situé en fief de Comquiers, le dit arrentement fait pour la somme de sept sols,
six deniers, dès le dernier jour de juin 1566, pardevant Laurent Lejay et
Gilles Gauvreau, à Me Hugues Potin, demeurant au bourg de Challans,
ycelui Robin à ce que le dit Potin n'en prétende cause d'ignorance et qu'il
n'en puisse dire ce que bon luy semblerait pour l'approuver ou réprouver,
soutenant ycelui Potin en payer de la dite rente plus que le suffisant veu la
valleur et revenu d'yceluy journau de prez, submergé presque ordinairement

d'eau ; lequel contrat veu par le dit Robin, informé le dit prix être suffisant
pour sept sols six deniers, ce yceluy contrat confirmé, ratifié et approuvé
selon sa forme et teneur (avec charge pour le dit Potin et les siens) d'entretenir le dit journau de prez en bon état, pour qu'il puisse payer la dite
somme d'arrentement et consent le dit Robin l'homologation du dit contrat
être faite en la cour de l'officialité de Luçon, en diocèse duquel sont situées
les dites choses, le dit Robin demeurant au bourg de la Bruffère.

Fait et consenti en la ville de Montaigu, le 29° jour d'aoust, l'an 1573.

Signé : ROBIN, curé, G. LEFEBVRE, G. PRUEAU, notaires.

LVIII. — 1585.

*Donnation faitte à la fabrice de Challans par Catherine Ber-
nard, du pain bénit le jour de la Conception, sur le prez du
Challandeau, et de 10 sols pour une messe à Notte.*

Sçachent tous que pardevant nous notaires soussignés jurés et réformas
de la baronnie et seigneurie de Commequiers, a été présente et personnelement établie en droit Catherine Bernard, veuve Jehan Renaud, demeurant
au village de Logerie, paroisse de Challans, laquelle de son bon gré et volonté et parce qu'ainsy luy a plu et plait, a donné, ceddé, délaissé et transporté, donne, cedde, délaisse et transporte pour elle et les siens et cause
ayant à perpétuité, par donnation pure et simple et irrévocable faitte entre
vifs, sans jamais ycelle pouvoir révoquer, à Denis Brenon, fils de Mathurin
Brenon et de deffunte Marie Renaud, vivante fille dudit Jehan Renaud et de
la ditte Catherine Bernard, le dit Denis absent, nous notaires soussignés,
stipullant et acceptant pour luy et les siens, c'est asçavoir la moitié d'une
place de pré contenant un journau ou environ, appellé le pré du Chalan-
deau, en la ditte paroisse, près le dit bourg de Challans, par indivis pour
l'autre moitié à Pierre Renaudineau et Marie Roirand sa femme à présent,
tant en leur nom que comme tuteur des enfants de feu Claude Gauvard, vivant mary de la ditte Roirand, et se tient d'une part la ditte place au pré de
la fabrice du dit Challans, aussy apellé le pré du Challandeau, d'autre le
grand pré long, ès apartenances de la métairie de la Verrie, d'un bout le
fief des Proutières, et d'autre un pasturaud apellé le tailly apartenant à Maurice Pinson, Jehan Laurent et leurs consors, à la charge au dit Denis Brenon, à l'avenir de payer et acquitter la moitié d'une poulle et autres devoirs
sy aucuns sont dus, par checun an, à la seigneurie du fief Gaschard, en fief
duquel le dit journau de pré est situé et assis, et au parsus faire quitte et

décharge de tous devoirs et charges quelconques, la ditte donnation faitte au dit Denis par la ditte Catherine Bernard comme dessus, parce qu'ainsy luy a plu et plait, moyennant touttes fois et non autrement que le dit Denis Brenon ou cause ayant de luy, seront tenus bailler et fournir après le déceds de la ditte Bernard le pain bénit par chacun an, en chascune feste de Conception de Notre-Dame, dans l'église de Challans, que l'on a accoutumé bailler après la bénédiction d'yceluy fait par le prêtre, aux assistans, et outre le dit jour faire dire une messe à Notte à la ditte église au grand autel d'ycelle de l'office du dit jour de la Conception de Notre-Dame, pour laquelle messe le dit Denis sera tenu bailler, et payer au curé dudit lieu ou à son vicaire dix sols tournois, le tout à continuer par chacun an le dit jour à perpétuité, aussy à condition que le dit curé ou son vicaire seront tenus faire prière et oraison à Dieu, à sa sainte Mère et ses saints pour l'âme du dit deffunt Renaud, de la ditte Bernard, leurs parents et amis, et au cas que le dit Denis Brenon décéderait sans héritiers ou que luy ou ses causes ayant deffendraient par deux ans de fournir le dit pain et de faire dire la ditte messe le dit jour et de payer les dits dix sols pour ycelle, en celuy cas la ditte Bernard a dès à présent et comme dès lors, et dès lors comme à présent, donne et donnait par mesme donation comme dessus la ditte moitié de place de pré à l'église et fabrice dudit Challans, à la charge de faire le contenu comme cy dessus, les fabriqueurs de la ditte église absents, nous dits notaires stipullant et acceptant pour eux et la ditte église ; et s'est la ditte Bernard retenu et réservé l'usufruit et jouissance des dittes chouses par elles données, en cours de sa vie seullement ..... et encore que donateur ne soit sujet à gariment des chouses par luy données, néantmoins elle a obligé et hipotéqué tous et chacuns ses autres biens presents et futurs quelconques et par la foi et serment de sa personne, renonce à touttes chouses à ces presentes contraires et préjudiciables et mesmement aux droits faits et introduits en faveur des femmes, et pour insinuer le présent contrat de donation au greffe royal des insinuations établi par le roy à Poitiers, suivant l'ordonnance la ditte Bernard a constitué et étably son procureur messire Pierre Papin, procureur au dit Poitiers, auquel elle a donné plain pouvoir de ce faire et d'en prendre acte au cas apartenant; dont de son consentement, volonté et à sa requeste, elle en a été jugée et condamnée par le jugement et condamnation de laditte baronnie et seigneurie de Commequiers, par nous Mathurin Voisin et Guillaume Tornereau, notaires en ycelle

Fait et passé au dit bourg de Challans en la maison de moy dit Voisin, le 25ᵉ jour de septembre 1585, avant midy et laditte Bernard déclare ne sçavoir signer.

Signé : VOISIN, le registre est en ma garde, et TORNEREAU, notaires.

LVIX. — 1597.

Précis d'un contrat d'échange par lequel il parait être dû un boisseau de bled de rente à l'église, sur une charruye de terre en fief Ratonneau.

Sçachent tous présents et avenir que pardevant les notaires soussignés de la baronnie et seigneurie de la Garnache, ont été présents et personnellement établis en droit noble Jean de... écuyer, seigneur de la... et damoiselle Marie Rivière, sa femme demeurant au bourg de Saint-Martin de Sallartaine, d'une part, lesquels de leur bon grez et volonté, sans induction, mais parce qu'ainsy leur a plu et plait, ont fait, convenu et accordé ce qui s'ensuit. c'est que la dite Rivière, bien et duemont autorisée dudit écuyer son seigneur mary a, pour elle et les siens, cédé, laissé et transporté, cède, délaisse et transporte à titre d'échange perpétuel au dit Laurent Loyau une charruye de terre labourable située au fief Ratonneau, paroisse de Challans terrageable et sujette à la fabrice de Challans... à un boisseau de bled, tenant d'une part la terre de Mathurin Voisin, d'autre le chemin qui conduit du dit Challans à Pontaber... .

Le 25 septembre 1597.

Signé : GUILLAUD et NONTOMESR, notaires.

LX. — 1601.

Copie d'une sentence arbitrale qui condamne le sieur Regnaudineau au payement de la rente foncière d'un boisseau de froment et de 20 sols en argent.

Veu par nous soussignez arbitres compromissaires élus de la part de messire Mathurin Thibaud, greffier de la baronnie de Comquiers, cy–devant fabriqueur avec Etienne Voisin de l'église de Challans, demandeurs en saisie d'une part, et vénérable et discrette personne messire Vincent Regnaudineau, prêtre recteur de la dite église, deffendeur, d'autre part, pour décider les différents pendans entre eux en la cour ordinaire présidiale de Poitou a Poitiers, pour raison que les dits demandeurs disent et maintiennent qu'il est dû annuellement à la fabrice de ladite église trois boisseaux de froment d'une part et un boisseau de froment d'autre part mesure de Comquiers, et

vingt sols, le tout de rente foncière, sur le village et tennement de la Tharaudière, situé en la paroisse de Challans, duquel ledit deffendeur est en partie seigneur et détempteur et desquels devoirs la dite fabrice aurait toujours
été bien servie et payée, si ce n'est depuis les neuf ans derniers, les fabriqueurs d'ycelle ne l'ayant été à raison de l'injure du temps et calamités des
guerres, ayant requis comme ils devaient et contraint en cas de refus ledit
deffendeur et ses coteneurs de les payer, auxquels eux demandeurs les ayant
l'an dernier demandé et en ayant fait refus ; auraient été contraints pour en
avoir payement, de faire saisir ledit village et tennement et y faire établir
un commissaire pour en régir les fruits, que ayant voulu faire bail se serait
le dit deffendeur et quelque autre des coteneurs, refusé à payer les dites
rentes, hors des vingt sols qu'ils auraient offert consigner, et même ledit
bled, et ce fait étant sur l'appel interjetté par yceluy défendeur la cause
pendante en la dite cour de Poitiers et ayant les parties contesté, elles auraient été appointées contraires et à informer de leurs faits, avec permission
d'obtenir *Conquestus* en forme de droit pour la révélation d'yceux et sur ce
pour obvier à procès, se seraient les dites parties condescendues d'en passer
par notre jugement par compromis ce jourd'huy fait par nous est entre elles,
en la dite cour de Comquiers par devant Carré et J. Guerrin, notaires, qu'ils
auraient signé ;

Veu lequel et le procès verbal du bail par enchère des fruits dudit village
et tennement de la Tharaudière fait par le sénéchal du dit Comquiers en
date du mardy 29° d'aoust l'an 1600, les interdits respectivement fournis
par les dites parties en ladite cour de Poitiers tendant chaqu'un à ses fins
et mêmement les demandeurs à ce que le dit deffendeur et ses coteneurs
soient condamnez au payement des dits trois boisseaux de froment, d'une
part, un boisseau aussi de froment d   e part et vingt sols par argent de
susdite rente sur et pour raison du dit village et tennement de la Tharaudière
et tout ainsy qu'ils sont couchez être dus à la dite fabrice par le papier censaire d'icelle à nous représentez par les demandeurs ès articles commençans,
l'un : « Les hoirs et biens tenant à feu Aubin Bonterme sur tous et chacuns
leurs biens domaines et héritages que a tenu Pierre Pouvreau, depuis messire Jean Pouvreau prêtre et frérescheurs Matha Pouilleau Pierre Galoys et
Jean Guybert, de la Taraudière... » L'autre : « Jean Vraigneau de la Taraudière, sur leur domaine et héritage du dit lieu et *ilec* environ, tiercement
la veuve et héritiers Colas Galoys et Jean Guybert, qui sont à la veuve du
dit Guybert, et François Gallois parprenant de la dite Tharaudière. »

Et l'autre article commençant : « Colas Galloys de la Tharaudière sur
une place de prez étant près le village de la Taraudière et sur ses autres
domaines *ilec* ès environs, vingt sols payable moitié à la feste de Saint-
Jean-Baptiste et l'autre moitié à la Saint-Michel, donnez à la fabrice par

défunt Jean Haigron en récompense d'autres deniers qu'il devait à la fabrice qu'a tenu Jean Guybert et consors, modo Gillette et Françoise Galloy et Moynet et consorts, modo les dits Galloys et cohéritiers, étant le papier censaire en date du 9 février 1555 — et parce que ledit deffendeur aurait dit ne tenir les dits lieux, ormis seulement ceux desquels était seigneur Olivier Redois, à cause de Marie Gallois sa femme, les demandeurs auraient mis avant le contrat de partage dudit tennement de la Tharaudière entre Olivier Redois, demeurant au village de la Tardoirie, paroisse de la Garnache, au nom de la dite Marie Gallois, sa femme, et Valentin Moynet, demeurant à la Tharaudière, pour eux et pour Nicolas, Ozane et Simore Moynet, ses enfans, et de défunte Perine Galois et de Noël Blandineau, mary de la dite Ozane, étant signé : Redois et Maurias, notaires de la Garnache, en date du 20 avril 1548 et pour en informer plus à plein auraient été produits devant nous plusieurs comptes rendus par les fabriqueurs de la dite église de Challans aux paroissiens, par lesquels ils seraient chargez de ces rentes, étant duement signez de plusieurs paroissiens, dont l'un est en date du 4 avril 1494 et l'autre de 19, l'autre les 5 et 6 février 1552, l'autre le pénultième de mars 1511, l'autre du 27 may 1528, l'autre des 14 et 19 mars 1572, signé Garnier et Brisson, et un autre du 17 juillet 1583 — et encore auraient les dits demandeurs pour justifier le dit boisseau de froment et vingt sols de rente foncière être dus justement à la dite fabrice, produit deux contrats, l'un signé : Raoul, en date du 17 juillet 1458, contenant que Jean Vigereau aurait baillé à la dite fabrice de Challans un boisseau de froment d'annuelle et de perpétuelle rente, à la mesure du dit Challans, que Jean Vraigneau de la Tharaudière et ses parsonniers luy devaient — et l'autre contrat est signé : Gouffé et Godin, le 5 février 1502, par lequel Jean Aigron aurait donné à la dite fabrice vingt sols monnaye de rente annuelle et perpétuelle que Colas Galois de la Tharaudière lui devait par chacun an à la Saint-Michel pour raison d'une place de prez étant au dit village et ès environs pour demeurer déchargé d'autre rente qu'il devait à ycelle fabrice ;

Veu aussi dix déclarations fournies au *Conquestus* publié en la dite église de Challans et à la requête des dits demandeurs, étant signez : Carré, Guerrin et Royneau, notaires, par Périne Pillet, Julienne Chauvet, Pierre Regnaudineau, Jean Seigneuret, Mathurin Rondeau, sacristain de la dite église, Jean Chauvet, Jacques Rondeau, Jean Dugué, Jacques Abillard et Gilles Boret, par lesquelles il appert que les dites rentes ont été payées aux fabriqueurs de la dite église par les teneurs du dit village et tennement de la Tharaudière, où ils seraient allez les requérir — et après avoir ouï sur le tout les dites parties, qui quessoit le dit Thibaud faisant tant pour luy que pour le dit Boissin et le dit Regnaudineau qui a connu de bonne foy devoir en partie à la dite fabrice le dit boisseau de froment et les dix vingt sols, — et ayant sur ce mûrement advisé, le nom de Dieu à ce premier appellé, avons condamné et condamnons le dit deffendeur à payer ès dits demandeurs ès dits noms, les dix vingts sols et un boisseau de froment mesure de Comquiers, de rente foncière, à payer les 19 ans derniers et ceux qui seraient dus depuis la saisie échus, défalquant sur ycelles trois années qui auraient été consignées d'un boisseau de froment, et deux années qui auraient été payées des dits vingt sols, sauf son recours vers ses codetempteurs du dit village de la Tharaudière et ycelles rentes continuer et si longtemps qu'il sera détempteur du dit tennement; et quant ès trois boisseaux de froment demandez aussy et deniés par le dit deffenseur disant n'être qu'un simple légat et annuelle prestation, avons de même condamné le dit deffendeur, avec les arrérages de 19 années, pour la part qu'il est seigneur, le recours des demandeurs réservé contre les autres détempteurs, l'avons aussi condamné aux dépens avec honorable Catherine Dupuis, veuve de René Durand, sieur de la Carvarine, Me Gilles Soret, René Grelier, Me Georges Bourdin, Guillaume Bureau et Blays Joly aussi détempteurs du dit village.

Fait et prononcé par nous Jean Berthelot, sieur de la Guyonnière, licencié ès droit, sénéschal de l'Isle de Bouing, et Nicolas Gervier, procureur fiscal de la Flocellère, arbitres ausdits, le 3 may 1601.

Signé : J. Berthelot et N. Gervier.

LXI. — 1601.

Transaction passée entre Gillette Renou et les fabriqueurs de Challans, par laquelle la dite Renou donne à l'église une charruye de terre située au tènement des Bloires.

Sçachent que sur le procès et différent mû pendant et indécis en la cour de la baronnie et seigneurie de Comquiers, entre messire Mathurin Thibaud et Etienne Boessin, cy devant fabriqueurs de l'église de Challans, demandeurs d'une part, le procureur fiscal dudit lieu joint avec eux. Contre dame Gillette Renou, veuve de messire Jacques Guérin, deffendresse d'autre part, à raison de ce que les dits fabriqueurs s'étaient constitués demandeurs en ditte cour contre la ditte Renou, pour avoir payement de trois quartes parties d'un quartaud et demy de bled-seigle de demy boisseau de froment à la mesure du dit Commequiers, de rente foncière, annuelle et perpétuelle due chacun an par la ditte deffendresse à la ditte église, en chacun terme et feste de Saint-Michel, sur et pour raison de la maison et

métairie des Fougères et ses appartenances, située en la paroisse du dit
Challans, et ce pour les arrérages de 18 années, échues à la Saint-Michel
dernière, à quoi la ditte déffendresse dit que ses prédécesseurs et auteurs
avaient joui paisiblement de cette métairie par temps immémorial, sans
avoir été inquiété pour le payement de la ditte rente et qu'elle n'avait point
eu la devoir à la ditte fabrique, à quoi a été répliqué par les dits fabriqueurs
que du vivant de feu messire Jehan Renou, procureur fiscal de cette cour,
père de la deffendresse, seigneur de la ditte métairie, la rente avait été
payée et servie à la ditte fabrique, comme ils faisaient aparoir par plusieurs
comptes rendus par les précédents fabriqueurs aux habitans de la ditte
paroisse, mesmement du dit feu Renou, ce qui était suffisant pour prouver
et vérifier leur demande, joint que tels comptes sont actes publics, authentiques et inexpugnables de suspicion et de coutredits, tellement que sur ce
les parties étaient prestes d'entrer en grande prolixité de révolutions et de
procès, mais pour faire revivre et nourir la paix et l'amitié entre elles et
pour le désir et affection que la ditte Renou a de l'auguementation du bien
de la ditte fabrique, se sont par l'avis do messire Nicolas Ger ier, procureur
fiscal de la seigneurie de la Flocellière, qu'elle auraient accordé pour leur
arbitre et de messire Jacques Carré procureur fiscal de la ditte Baronnie de
Comquiers, pour cejourd'huy congrégés et assemblés, condescendus et con-
descendent à l'accord et légitime transaction ainsy qu'il en suit ; pour ce
est qu'aujourd'huy 3° jour d'aoust après midy l'an de grâce 1601 ont été
présents et personnellement établis en droit pardevant nous notaires soussignés, jurés et retenus de la ditte Baronnie de Comquiers les dits fabriqueurs tant pour eux que pour les habittans de la paroisse du dit Challans,
auxquels ils promettent de faire ratifier ces présentes dans la huitaine
prochainement venant, à peine que de droit, d'une part, demeurant ou bourg
du dit Challans, et la ditte Renou y demeurant aussy, d'autre part, laquelle
ditte Renou pour demeurer quitte envers les dits fabriqueurs en payement
des dittes rentes cy dessus sur la ditte maison des Fougères, et ses apartenances et dépendances quelconques, tout pour les arrérages du passé que
pour la continuation à l'avenir, et pour être participante ès prières et bienfaits et sépulture de la ditte église, a de son bon gré et volonté pour elle et
les siens perpétuellement baillé, cedé, délaissé et transporte à la ditte
église de Challans, sçavoir est une charruye de terre labourable, assise en
tènement des Bloires en fief de Comquiers, près les villages de Logerie et
de la Proutière en la paroisse du dit Challans, terrageable au sixte des bleds
et fruits y croissant par labeur pour toutes charges et devoirs, tenant d'un
bout le chemin qui conduit du Challandeau en Apremont, et d'un costé la
terre de messire Jacques Durand d'autre costé la terre d'Etienne Boissin et
d'autre la terre do la métairie do Logerie apartenant à Jean Voisin, lequel

droit de terrage les dits fabriqueurs acquitteront à l'avenir, lesquelles choses cy dessus étant une pièce avec ses apartenances, la ditte Renou s'est pour elle et les siens dessaisie et devestue et en a saisi et vestu les dits fabriqueurs.

Fait et passé en la demeure du dit Thibaud, le 3e d'aoust 1601.

Signé : M. Thibaud, J. Carré, procureur fiscal de Comquiers, N. Gervier, procureur fiscal de la Flocellière, Guillaume Anjoudaud et Jacques Guérin, notaires.

LXII. — 1602.

Testament de Françoise Moreau, femme de François Naulleau, par lequel elle donne à l'église de Challans une boisselée de terre sise en Soullandeau.

Au nom du Père, et du Fils et du Saint-Esprit. Amen. Jésus! Je Françoise Moreau, femme de François Naulleau, demeurant au village de la Chaussée-Conil, paroisse de Challans, détenue sur mon lit de douleur corporelle.... J'ay de mon propre mouvement sans aucune sugession, parce qu'ainsy il m'a plu et plait, fait, dicté et nommé mot à mot mon présent testament et ordonnance de dernière volonté, ainsi qu'il en suit; par lequel... mon âme étant séparée de mon corps, veux et entends yceluy être inhumé en cimetière de Challans, en tel endroit qu'il plaira au dit Naulleau, mon mary, lequel je nomme mon exécuteur testamentaire.... Ensuite veux et entends mon décede advenu qu'il soit dit le plus solennellement que faire se pourra et au plus tôt qu'il sera possible dans l'église de Challans, par les prêtres d'ycelle, le nombre de huit services généraux, avec diacre et sousdiacre, sy faire se peut, pour prier Dieu pour mon âme et pour mes parents et amis trépassez, avec vigile et litanie accoutumez ;

Item, veux et ordonne que perpétuellement par chacun an il soit célébré un service anniversaire au jour de mon obit, avec solennitez comme dessus, au payement de quoy au cas que mes héritiers ne voudraient payer le sallaire qui en serait requis tant pour les prêtres, régents qu'autres frais, j'oy particulièrement obligé et affecté les droits, parts et portions qui m'apartiennent en la métairie, qui fut à Cailleteau de la Rivière, en paroisse de Soullans, fief commun, par indivis avec Mathurin Simon et Marie Moreau, ma sœur, et autres tenanciers, lesquels droits sont la tierce partie en ycelle métairie, dans laquelle demeure à présent Guillaume Barbreau, tenant la maison d'ycelle la terre de Me François Haudry, prêtre de Soullans;

Item, je donne à la ditte église de Challans, pour être ès bienfaits et prières d'ycelle perpétuellement, sçavoir est une boisselée de terre, assise en la paroisse de Soullans, en la seigneurie de Soullandeau, vulgairement appellé l'*Aubrais*, franche de terrage, tenant d'un bout le chemin qui conduit de Soullans à la maison de Jean Herbert. Pour bailler plus d'autorité à mon testament, l'ay fait signer à M⁰ Vincent Renaudineau, prêtre curé de Challans et à M⁰ Jacques Martin, prêtre de la paroisse du Périer, ayant puissance du diocézain.

Fait en ma maison de la Chaussée le dernier jour de juillet 1602.

Signé : V. Regnaudineau, prêtre, J. Martin, prêtre,
Marie Moreau, J. Guérin, notaire.

LXIII. — 1603.

Arrentement fait par M⁰ Vincent Regnaudineau curé de Challans à Pierre Massonnet d'un demy journal de pré, appelé Margoteau (peut-être des Margotières) assis en marais du Périer, pour payer 15 sols de rente à Saint-Eutrope.

Sçachent tous que pardevant nous nottaires soussignés, jurés et reçus de la baronnie et seigneurie de Commequiers, a été présent et personnellement établi en droit messire Vincent Regnaudineau, vénérable et discrette personne, prêtre curé, recteur de la paroisse de Challans, demeurant en sa cure du dit lieu, lequel de son bon gré, et volonté, a baillé, ceddé, transporté et arrenté, baille, cedde, transporte à jamais perpétuellement à Pierre Massonnet, demeurant à la Royrandrie, paroisse du Perrier, présent stipulant et acceptant pour soy et les siens, sçavoir est un demy journau de pré ou environ, appellé le pré Margotteau (peut-être des Margottières) situé en la dite paroisse du Périer, dépendant de la chapellannie de Saint-Eutrope, desservie en l'église de Challans, tenant d'un costé la Charaud qui conduit de la Chaussée-Chaslon au pas de la taillée, d'autre au pré d'André Naulleau entre deux communes, d'un bout au pré de la ditte église de Challans, situé le dit demy journau de pré en la seigneurie du Perier et y sujet par chacun an à un denier de cens, ou autres devoirs qu'acquittera le dit Massonnet pour l'avenir; le présent arrentement fait au gré des dittes parties pour en bailler et payer le dit Massonnet ou les siens par chacune des dittes années, en chacun terme et feste de Saint-Michel Archange, au dit Regnaudineau eu les siens, la somme de quinze sols.....

Fait et passé au bourg de Challans, seigneurie du dit Commequiers, ce premier jour du mois de juin 1603, avant midy ; le dit Massonnet a déclaré ne sçavoir signer.

Ainsy signé : Regnaudineau, prêtre, Pierre Plissonneau et Jehan Durand, notaires.

LXIV. — 1604.

Testament de Catherine Micheneau, par lequel elle donne à l'église de Challans, une boisselée de terre au fief de la Voirie.

Au nom du Père, et du Fils et du Saint-Esprit. Amen. Je, Catherine Micheneau, femme et épouse de Martin Gruel, demeurant au lieu de la Terre-Franche, paroisse de Challans, saine d'esprit..... j'ay fait, nommé et dicté mon présent testament, ordonnance et dernière volonté, sans sugestion, ny persuasion de personne aucune, mais de mon franc vouloir et propre mouvement, en la forme et manière qui s'ensuit, par lequel je recommande mon âme à Dieu... lorsqu'il lui plaira de m'appeller de ce monde à l'autre, auquel tems, je veux et ordonne mon corps être inhumé en cymetière de l'église de Notre-Dame de Challans : en sépultures de mes père, mère, parents et amis trépassez, et être fait en l'église du dit lieu, obsèque et funérailles, enquel jour de mon obit, sy faire se peut, sinon le lendemain, être dit et célébré en la ditte église par les prêtres du dit lieu et autres qui y assisteront pour le repos de ma ditte pauvre âme, de celle de feu, mes père, mère, parents et amis trépassez, un service général à diacre et sous-diacre, grande vigille et autres oraisons accoutumées ; Item, je veux et ordonne qu'il soit fait pour même fin, le nombre de cinq autres services...

Item, je veux et ordonne que, le déceds de mon dit mary advenu, il soit fait les mêmes prières que dessus ;

Item, je donne, par mon Testament, sans jamais pouvoir yceluy révoquer, pour quelque cause que ce soit, à l'église de Notre-Dame de Challans, pour être ès prières et oraisons tant publiques que particulières de la ditte église, une boisselée de terre labourable, située en la ditte paroisse de Challans et en le fief de la Voirie, de laquelle je me réserve la jouissance et usufruits le courant de ma vie, tenant d'un costé la terre de monsieur de Chembieulx et d'un bout le chemin qui conduit de la Voirie au Porteau ;

Item, je donne aussy au dit Gruel, mon mary, le cours de sa vie seullement, par manière d'usufruit, la maison de la Terre-Franche, en laquelle à présent nous faisons notre demeure, avec ses apartenances et deux jardins, tenant le chemin qui conduit de la Voirie au Broil, d'autre les terres du dit fief, d'un bout le jardin de la Groizelèle, la Vrignais de M° Luc de Corrivaud ; plus trois boisselées de terre, situées au dit fief, près la maison de la Terre-Franche et la terre de M° de Marionnais et la terre de la dite Groizeleau ; plus une autre boisselée de terre, située au même lieu ; Item, deux journaux de prez, apellés les Esraux, situés en la paroisse du Périer ; Item, un autre journau de pré, situé en la paroisse de Challans, près le jardin de Jacques Barien et le chemin qui conduit de la Voirie au Breil ; Item, un morceau de pré ou pasturaud, situé en la même paroisse, près le pré de M. Desdorrides ; et ce pour remercier et récompenser le dit Grué, mon mary, des bons traitements et courtoisie qu'il m'a faits, tant en ma maladie qu'autrement et que j'espère qu'il me fera à l'avenir, et moyennant lequel don, je veux et ordonne que yceluy Grué, mon mary, gouverne et fasse gouverner Marie Grué notre fille, au mieux qu'il luy sera possible, ycelle premier la marier ou la mettre en garde pendant le dit tems.... Quant à ce fait et passé au dit lieu de la Terre-Franche, en la maison de la dite Micheneau, située en fief de la Voirie, dépendant de la ditte cour, le dernier jour du mois d'avril, après midy, l'an 1601, présent vénérable et discrette personne, messire Vincent Regnaudineau, prêtre, recteur-curé de l'église de Notre-Dame de Challans et de messire Etienne Housseau, prêtre, vicaire de la ditte église, demeurant au bourg du dit Challans, témoins à ce requis et qui ont signé avec nous,

Pierre Plissonneau et Jehan Durand, notaires.

LXV. — 1605.

Donation à l'église de Challans, par Pierre Papin, d'une charruye de terre en fief Fournier.

Syachent tous que pardevant nous, notaires jurés, soussignés de la baronnie et seigneurie de la Garnache, a été présent et personnellement en droit et duement soumis Pierre Papin, laboureur, demeurant au village des Potteries, paroisse de la Garnache, lequel a de son bon grez et volonté et sans aucun forcement, mais parce qu'ainsy luy a plu et plait, pour les causes cy-après déclarées, désirant le salut de son âme et de ses parens et amis, tant vivans que trépassez, et voulant le bien et auguementation des églises

paroissiales tant de Notre-Dame de Challans, que de Saint-Hilaire de Soulans, a connu et confessé par ces présentes avoir baillé.... et baille à
jamais perpétuellement et par transport irrévocable, ès dites églises, sçavoir
est à la fabrice du dit Challans, une charruye de terre labourable, assise en
fief Fournier, paroisse du dit Challans, tenant des deux costés à la terre de
l'église de Challans ; et à la fabrice de Soulans, une autre charruye de terre
labourable, située en fief cy-dessus, contenant seize sillons de terre pris en
une pièce contenant vingt-six sillons, par indivis avec Jean Seigneuret, tenant la terre des héritiers de feu Me Sébastien Caret, à cause de sa métairie
de la Fradinière, qui fut à Me Guiet ; c'est à sçavoir pour être ès prières, recommandations, oraisons générailes et particulières des dittes églises de
Challans et de Soulans.

Le 12 novembre 1605.

Signé : M. COUDRIMAU et J. COUDRIMAU, notaires.

LXVI. — 1608.

*Arrentement fait par les habitans de Challans à Louis Chau-
rois d'une boisselée de terre en Soulandeau pour un boisseau de sègle.*

Sçachent tous que par devant nous notaires jurés et retenus de la baronnie
de Comquiers, ont etez établis en droit Me Etienne Loyseau et Jacques Sorin,
fabriqueurs de l'église et fabrique de Challans, d'une part, et Louis Chaurois.
l'aîné, demeurant au village du Broil, paroisse de Challans, d'autre part,
lesquels Loyseau et Sorin par l'avis, délibération et consentement d'honorable personne messire Vincent Regnaudineau, prêtre curé de Challans,
Mes Jean l'otin, François Pontereau, Massé-Grousseau, Pierre Pellissonneau,
Pierre Perdrieau, Mathurin Gaborit, Pierre Bourry, Jean Huguet, Jean Seigneuret, Pierre Renaud, Bloys Jolly, Mathurin Abillard, Mathurin Rondeau,
Pierre Bodard, Michel Renaudet, Nicolas Denis, Jean Viaud, André Rondeau, Mathurin Cairon, Mathurin Cornevin, Etienne Boret, Blays Ricolleau,
Guillaume Haigron, François Chévrier et Nicolas Gaudin, les tous habitans
du dit bourg et paroisse soussignez, faisant la plus grande et saine partie
d'yceux, ont fait le contrat d'arrentement qui ensuit, par lequel les dits
Loyseau et Sorin au dit nom ont baillé... et par ces présentes baillent et
arrentent, au profit de l'église de Challans à titre perpétuel au dit Chaurois
et ès siens, sçavoir est une boisselée de terre labourable, située en la paroisse de Soulans, en la rive de Soulandeau, appellée Lambrays, frasche de

tout terrage, sujette par chacun an à un boisseau de sègle de rente, tenant d'un bout le chemin qui conduit du dit Soulans à la maison de Jean Herbert, laquelle boisselée de terre défunte Françoise Moreau, vivante femme de François Nauleau avait donnée à la dite église, par son testament du dernier jour de juillet 1602 ; le présent arrentement fait à grez des dits habitans, fabriqueurs et Chaurois, pour le prix et nombre d'un boisseau de sègle, mesure de Comquiers par chacun an et en chacun terme et feste de Saint-Michel archange, de rente annuelle, perpétuelle et foncière, rendable payable et apportable par le dit Chaurois et ses hoirs, à leur dépens en l'église du dit Challans ès mains des fabriqueurs qui seront en charge.

Fait do 17e jour du mois d'aoust l'an de grâce 1808.

Signé : J. Guérin et Voisin, notaires.

LXVII. — 1616.

Testament de Jean Voisin qui donne à l'église et à la cure de Challans un journal et demi de pré, appelé la Courtine, à la charge d'une messe de Requiem *par chacun an.*

In nomine .. Je, Jean Voisin, demeurant au bourg de Challans étant de présent au lieu noble de la Prousté, paroisse de Saint-Hilaire de Rié, gisant au lit, malade de corps, mais sain d'esprit... ay fait le présent mon testament en la forme et manière qui s'ensuit : 1° Je recommande mon âme... priant que mon corps soit inhumé au dedans de l'église do Challans, en l'encestre de feu mes prédécesseurs, en la fosse de feu honorable Mathurin Voisin mon ayeul, au jour duquel mon décès et huitaine suivante, aux quatre quartiers de l'année et dernier jour de l'an, il soit fait dire un service solennel en l'église de Challans ; Item je donne à l'église et à la cure du dit lieu, moitié par moitié, un journal et demi de prez, situé au marais du pays bas, appellé la Courtine, à la charge de faire dire par chacun an, à l'hotel de saint Eutrope, en l'église de Challans, une messe de *Requiem* et y aura diacre et sous-diacre, avec un *libera* sur ma fosse.

Le 6e jour du mois de mars 1616.

Signé : P. Moreau, notaire.

LXVIII. — 1617.

Sur la visite par nous faite en l'église paroissiale de Notre-Dame de Challans, avons ordonné ce qui s'ensuit :

1° Que l'on fera promptement recouverir l'église, ycelle reblanchir et recarler aux endroits où elle ne l'est pas.

Item, que ceux qui ne justifieront par titres avoir droit d'encêtres en la dite église ne pourront être enterrés qu'en baillant à la fabrice entre les mains qui pour lors seront en charge la somme de six livres comptant et avant faire l'ouverture de la terre, outre les droits du prieur et curé.

Item, que les secrettains, pour la conduite de l'orloge et la façon de l'église paroissialle et la chapelle, ycelle balayer, préparer les ornements, sonner les cloches et autres choses de leur office, auront la somme de vingt livres, deux charies de terre, pour tous gages, sans préjudicier à ce qui leur appartient pour les services et pour faire les ouvertures des fosses.

Item, que les prêtres ne diront point leurs messes en même temps.

Item, que les présentes seront publiées au prosne de la grande messe.

Fait audit lieu de Challans le 26ᵉ jour de may. l'an 1617, par nous Jacques de Flavigny, docteur en théologie, chanoine official et grand vicaire de Monseigneur, le révérend évêque de Luçon.

LXIX. — 1621.

Testament de Mʳᵉ Vincent Regnaudineau curé de Challans, en date du 9 décembre 1621, par lequel il donne plusieurs domaines à l'église et à la cure, moitié par moitié à l'église pour demeurer quitte de la rente mentionnée dans la sentence arbitrale (Voir plus haut, n° LX-1601), et au curé à la charge de cinq messes pendant l'octave du Saint-Sacrement et cela à perpétuité.

C'est le titre du pré de champ de Buzin arrenté à M. Pierre-Jacob Imbert des Bretellières.

Voir le texte intégral de ce testament, *Revue historique de l'Ouest*, 7ᵉ année, 2ᵉ livraison, mars 1891, p. 134.

LXX. — 1623.

Testament de feu Pierre Pajot, prêtre, qui donne une rente de deux boisseaux de froment sur la borderie des Archanau (Echarneaux) à l'église de Challans.

In nomine... Je, Pierre Pajot, prêtre, demourant à Sainte-Croix-de-Vie, paroisse de Saint-Hilaire-de-Rié..... veux que mon corps soit inhumé en l'église ou cimetière de Challans, au bon vouloir de M. le curé et recteur dudit lieu et qu'il soit fait huit services généraux, à mon intention et de mes prédécesseurs, et par chacun mois de l'an un service général... Item, je

donne et lègue à l'église et fabrique de Challans perpétuellement deux boisseaux de froment, raz, mesure dudit Challans, payable par mes héritiers, à
chaque feste de St-Michel, lesquels deux boisseaux j'assigne sur la moitié de
la Bourderie des Archanau, à moi appartenant, située en la paroisse de Challans, pour être compris ès prières qui se feront par chacun dimanche au
prosne de la grande messe paroissialle dudit Challans.

Le 12ᵉ de novembre 1623.

Signé : MOREAU et RAYNEAU, notaires.

LXXI. — 1627.

*Transaction entre messire Germain Regnaudineau, prêtre curé
de Challans, et Jacquette Clériceau et autres, par laquelle
il est dû à Saint-Eutrope 1 livre, 13 sols, 6 deniers de rente
sur le village de la Brunière.*

Aujourd'hui trois du mois d'aoust 1627, avant midy, par devant les notaires soussignés, jurés en la cour de la baronnie de Commequiers, ont été
présents en leurs personnes et établis en droit, vénérable et discrette personne, messire Germain Regnaudineau, prêtre curé de Challans, chapelain
de la chapellannie de Saint-Eutrope, d'une part, et dame Jacquette Clériceau,
veuve de feu honorable Honoré Prenix, vivant sieur de la Brunière, demeurant à la Poirière, paroisse de la Garnache, Mᵉ Jehan Brenon, notaire et
Piorre Dugué demeurant en la paroisse de Coudrie, Lucas Dolbeau, tant
pour luy que pour ses frères et sœurs, demeurant en la ditte paroisse de
Coudrie, d'autre part et encore Vincent Bonin, demeurant à la Grenonnière,
paroisse de la Garnache, lesquelles parties de leur agréable volonté, ont
accordé ce qui en suit, sçavoir est que la ditte Clériceau, pour elle et ses
enfans et les dits autres, pour demeurer quitte vers le dit sieur Regnaudineau
de la rente par luy demandée sur le village et tènement de la Brunière, en
la paroisse de Challans et autres domaines, terres, prés, par luy saisis, à
faulte de payement de la somme de trente trois sols six deniers tournois de
rente foncière, annuelle et perpétuelle à luy duë et qui serait arréragée pour
quatre années, que échoiront à la feste de Notre Dame d'Aoust prochaine
venant, ont payé présentement au dit sieur Chapellain la somme de six
livres, quatorze sols tournois, dont ils sont jugés quitte, avec promesse de
continuer à l'avenir la ditte rente, tant et sy longtemps qu'elle aura cours,
et sans préjudice au dit saisissant en l'individuisité, et pour ce qui regarde
les frais de la saisie et établissement et commission et autres faits en cette
considération, les parties en ont composé à la somme do sept livres, dix sols

aussy baillés par les dits saisis audit saisissant. Quant à ce fait et passé au bourg de Challans notre théritoire, les dits jour et an que dessus.

    Signé : C. REGNAUDINEAU, CHAPELLAIN DE SAINT-EUTROPE, JACQUETTE, CLÉRICEAU, J. BARNON, Mathurin DROUÉ et Louis CARRÉ, notaires.

LXXII. — 1629.

Testament de Guillemine Manguy qui donne à la cure de Challans la charuye de terre du Saint-Esprit, laquelle doit à l'église deux boisseaux de ségle.

In nomine.... Je, Guillemine Manguy, veuve de honorable Pierre Bourry, vivant sieur du Landa, demeurant au bourg de Challans.... j'ai dicté mot à mot mon présent testament : 1° je recommande mon âme. . et veux que mon corps soit inhumé en l'église du dit Challans, à l'endroit de la fosse de feu mon mary ; qu'il soit dit une octave avec trois messes à haute voix ; que mon corps soit porté en terre par les prêtres de la dite paroisse et qu'il soit donné aux pauvres jusqu'à concurrence de six boisseaux de bled valant ségle, et qu'il soit habillé cinq pauvres en beau linge... Item, je donne et lègue au curé de Challans et à ses successeurs, une charruye de terre, en fief de l'Ouvrardière, sujette au terrage au sixte et outre à la fabrice de Challans à deux boisseaux de ségle de rente annuelle, appellée la Charruye du Saint-Esprit, tenant le chemin qui conduit du gué de Pontabert au gué aux Moines, et la terre du sieur de la Vergne Cornet, dépendant de la métairie du Retail, à la charge pour les dits curés de faire dire par chacun an un service à trois messes à nottes et un *Libera* sur ma fosse et de payer à la ditte fabrice les deux boisseaux de bled et la chandelle qu'il conviendra employer pendant les services... Fait et consenty en la maison de la ditte Manguy au bourg de Challans, le 13° jour de février 1629.

    Signé : BONNIN, notaire.

LXXIII. — 1620.

Testament de Jeanne Durand, femme de Charles Dodin, par lequel il est donné à l'église la rente d'un boisseau de froment à la charge d'une messe de Requiem chantée par chacun an.

In nomine... Amen. Jésus ! Je, Jeanne Durand, femme d'honorable Charles Dodin, demeurant avec lui au bourg de Challans.... veux et entens que, mon âme séparée de mon corps, yceluy soit ensépulturé en l'église du dit

Challans, en l'encêtre de mes prédécesseurs et être dit huit services généraux, avec diacre et sous-diacre, en plus grande solennité que faire se
pourra et un autre service au bout de l'an de mon obit, de tout je m'en
rapporte à la bonne volonté du dit Dodin, mon cher et bien aimé mary, auquel je donne l'usufruit pendant sa vie de la maison, avec ses apartenances
et jardin, où nous résidons ensemblement, située au bourg de Challans, avec
trois boisselées de terre au derrière dudit jardin, plus la jouissance de dix-
huit journaux de prez, situés en la paroisse de Périer, appellé les Chessardières, lesquelles choses veux et entens qu'elles retournent aux enfans de lui
et de moy, à la charge de payer à jamais un boisseau de froment, mesure de
la cour de Céans, de rente, par chacun an et terme de Saint-Michel, à
l'église et fabrice du dit Challans, que je constitue sur les trois boisselées de
terre cy-dessus spécifiées, tenant une charruye de terre dépendant de la
petite voye, à la charge par les fabriqueurs de faire dire, par chacun an, une
messe de *Requiem* à haute voix pour le repos de mon âme.

Le 9ᵉ jour d'octobre 1620.

Signé : Sorst et Guillaud, notaires.

LXXIV. — 1631.

Testament d'Antoinette Bouteiller.

In nomine... Je, Antoinette Bouteiller, femme de honorable Mᵉ Mathurin
Brechelière, sieur du Boisdorin... ay fait et dicté mot à mot mon présent
testament à Mᵉˢ Etienne Loyseau et Jean Thibaud, notaires de la seigneurie
de Commequiers, que j'ay exprès mandés et envoyé quérir, l'un écrivant et
l'autre présent; en premier lieu, je recommande mon âme... et par yceluy
testament j'ai révoqué le premier par moy fait pour le don de douze livres,
par moi légué à l'abbaye des Jacobins de Beauvoir sur mer, que j'avais
assigné sur ma métoirie de la Chauvière et lègue seulement à la dite abbaye
soixante sols de rente annuelle et perpétuelle, que j'assigne sur la même
ditte métairie, moyennant que le prieur de la ditte abbaye dira ou fera dire
annuellement le jour de la Nativité de la sainte Vierge, en la dite abbaye et
au grand autel une messe pour le repos de mon âme et être en prières de la
confrérie du Rosaire; Item, pour avoir droit d'encêtres dans l'église du
Challans, en la chapelle de M. Saint-Nicolas, proche la muraille, tout au bas,
ou de l'autre côté où est l'autel de Saint-Sébastien, je donne à l'église du
dit Challans six livres de rente perpétuelle, payable en chacune feste de
Saint-Michel, auquel lieu veux être inhumée; Item, je donne aussy à la cure
du dit Challans soixante sols de rente aussy perpétuelle et annuelle, moyennant que ledit curé dira chaqu'un an en la feste de Notre-Dame de l'As-

somption une messe pour mon âme, pour le payement desquelles sommes j'affecte ma métairie des Ayrauts, sise en paroisse de Soulans ; Item, mon décedz advenu, je veux être duement inhumée, selon ma condition, avec un service général pour le jour de mon obit, un autre le lendemain, un autre dans la huitaine et un autre à la fin de l'an ; auquel jour je veux aussy qu'il soit donné aux pauvres, dix boisseaux de bled qui seront convertis en paine. Fait et passé en la maison des dits Brechellières, au bourg du dit Challans, le 6ᵉ jour de janvier 1631.

Signé : Germain Regnaudineau, prêtre, curé présent et acceptant.
J. Tribaud et Etienne Loyseau, notaires.

LXXV. — 1632.

Testament de Catherine Durand, veuve de Jacques Guillaud, qui donne les trois journaux de pré de la Messagère, à l'église pour avoir le droit d'Ancêtres. C'est le banc et Ancêtres des sieurs Viaud, tenant et joignant la balustrade de l'autel Sainte-Anne.

In nomine.... Je dame Catherine Durand, veuve de feu Mᵉ Jacques Guillaud.... Veux être enterrée dans l'encestre de mes prédécesseurs en l'église de Challans, devant l'autel de Saint-Sébastien et pour avoir continuation par mes successeurs du droit de la dite encestre au dit lieu, je donne à ycelle église, pour autres bonnes considérations qui à ce m'ont mu, trois journaux de prez en une place, étant au pays bas, près de la chaussée Cornil, appelé le prez de la Messagère, a moy apartenant, tenant d'une part le prez des Loires et du Guéraud, d'autre côté le prez Ragon, de la fabrice du dit Challans, lequel don ai fait aussi à la dite Église pour demeurer quitte de la somme de dix-huit livres portée par le testament de feu Jacques Durand, mon frère.

Le 16ᵉ jour de juillet 1632.

Signé : Carré et Loyseau, notaires.

LXXVI. — 1653.

Sentence qui condamne Françoise Rondeau, propriétaire du moulin du Caillou blanc, à payer la rente de deux boisseaux de froment due à l'église.

Entre Mᵉˢ Jacques Michon et Mathurin Hervé, fabriqueurs, l'année présente, de l'église et fabrique de ce lieu de Challans, demandeurs, assistés de

M° Jean Bonin leur procureur, d'une part, et Françoise Rondeau, procédant avec l'autorité de Hugues Chevallier, son curateur aux causes et contrats, comparants en leurs personnes, assistez de M° Robert Coursaud, leur procureur, d'autre part.

Le dit Bonin pour ses parties a proposé sa demande selon le contenu en l'exploit de Philbert Sergent, de lui signé et daté d'hier, aux fins duquel il conclut et à dépens — la dite Rondeau a dit que sans aprouver la demande des demandeurs pour les arrérages, elle est conjointement avec Marie Rondeau, sa sœur, possesseresse du moulin sur lequel les demandeurs demandent la rente prétendue, que depuis un an elle offre de payer les deux boisseaux de froment demandez et au regard des arrérages prétendus, dit ny être tenue que selon son dû ; le dit Bonin répond que la dite défenderesse doit payer en deniers ou en quittances, les deux dits boisseaux de froment.... Sur quoi, nous avons condamné la dite défenderesse personnellement pour ses parts et portions et hypothéquairement pour le tout payer la dite rente à la dite fabrice duë par chacun an en la feste de saint Michel, sur le moulin du Caillou blanc, et ycelle continuer à l'avenir tant et sy longtemps qu'elle sera dame propriétaire dudit moulin ou partie d'ycelui, et les arrérages de douze années demandées, en deniers ou quittances... Cy donnons en mandement au premier sergent de la cour de céans royal ou autre, sr haut justicier, sur ce requis de mettre les présentes à entière exécution, selon leur forme et teneur...

Donné et fait en la cour ordinaire de la baronnie et seigneurie de Comquiers, au parquet et auditoire d'ycelle à Challans, par nous René Bonin, sieur de la Cresplière, licentié ès loix, sénéchal, seul juge de la dite baronnie, le mardy, 1er jour de juillet 1653.

Signé : Cantin, greffier.

LXXVII. — 1654.

Saisie et arrêt.

A la requête de M° Jacques Michon et Mathurin Hervé, fabriqueurs de l'église et fabrice de Challans, j'ai à Nicolas Paradis et Marc Roy, meunier du Moulin et le dit Roy demeurant à Pontabert, paroisse de Sallertaine et comme fermiers du dit moulin, déclaré que j'ai arrêté et saisi entre leurs mains tout ce qu'ils doivent et pourront devoir soit en argent ou bled à Charles Cornevin et Julien-Bernard, à cause de la ferme du dit moulin pour le moins jusqu'à la concurrence de dix livres tournois et de deux boisseaux de froment, mesure de Comquiers, qu'ils doivent aux dits fabriqueurs et ça par vertu de transaction passée entre les dits fabriqueurs et eux pardevant les notaires de la baronnie de Commequiers, leur ai fait prohibition et défense de payer à d'autres qu'aux dits Michon et Hervé, sous les peines de payer deux fois et aux peines que de droit, et leur ai baillé adjournement et assignation à comparoir mardy prochain venant par devant M. le Sénéchal de la baronnie et seigneurie de Comquiers, au parquet et auditoire d'ycelle à Challans, heure de cour et ycelle tenant pour *illecq* et audit pour aller répondre et procéder sur le contenu dudit arrét à quoi les lits fabriqueurs concluent et aux dépens de l'Instance, ainsy que de raison, avec intimation au cas apartenant. Fait par moy sergent soussigné résidant au bourg dudit Challans, en présence de Jean Bailleau et Jean Fournaget, mes témoins, et records, demeurans à la Garnache, qui m'ont déclaré ne sçavoir signer et autres, le 12e jour du mois de décembre 1654.

Signé : CARRÉ, sergent.

LXXVIII. — 1654.

Assignation.

A la *requête* de maltre Jacques Michon e Mathurin Hervé, et au nom et comme fabriqueurs de l'église de la paroisse de Challans et y demeurant j'ai, à Charles Cornevin et Julien Bernard son beau-frère, ledit Cornevin demeurant au village de la Justice, paroisse de Coudrie, et le dit Bernard en la ville de Beauvoir-sur-Mer, baillé adjournement et assignation à être et comparoir ce jourd'huy pardevant M. le sénéchal de la Baronie et seigneurie de Comquiers, à Challans, au parquet et auditoire d'icelle à Challans, heure de cour ; et ycelle tenant pour *illecq* et au dit jour aller et consentir ou dissentir la saisie et arrét faite entre les mains de Nicolas Paradis et Marc Roy leur débiteur et outre procéder et aller avant en la matière, ainsy qu'il appartiendra, protestant les dits Michon et Hervé à faute à eux d'obéir à justice de tous dépens, dommages, intérêts et aux dépens de la sentence ; à quoi, ils concluent ainsy que de raison à intimation au cas appartenant. Fait par moy sergent soussigné résidant au bourg du dit Challans, en présence de Jean Bailleau et Jean Fremaget mes témoins et records demeurant la Garnache qui m'ont déclaré ne sçavoir signer et autres, le 15 décembre 1654, parlant au dit Cornevin, fermier du Moulin du Caillou-Blanc, avec injonction de le faire savoir au dit Bernard son beau-frère, ce qu'il m'a promis faire.

Signé : CARRÉ, sergent.

LXXIX. — 1684.

Acte de concession de droit de sépulture et de deux bancs dans l'église de Challans à M. de Boisfossé, sur la rente de deux boisseaux de froment, moitié à l'église et moitié à la cure.

Aujourd'huy dimanche 15ᵉ jour du mois d'octobre 1684, avant midy, pardevant nous notaires soussignez de la Baronnie et seigneurie de Comquiers, a été présent et personnellement établi en droit dument soumis vénérable et discrette personne Mʳᵉ Nicolas Denis prêtre, curé de Notre–Dame de Chalans, noble homme François Pivard, sʳ de Beausoleil, porcureur sindic, Charles Cornevin et René Morisson, fabriqueurs, Mᵉ François Tenard, sʳ de Pontchestard, noble homme Pierre Gourbeil, sʳ de la Borgnière, Mᵉ René Tardiveau, sʳ des Salines, Guillaume Béthus, Mᵉ Louis–Gabriel Noyau, sʳ du Chambourg, noble homme Mathurin Guérin, sʳ des Rouches, Jacques Garreau, cordonnier, Olivier Martin, marchand, Antoine Charié, Jean Praud, marchand, Barthelemy Roy, aussy marchand et sacristain, Louis Joli, laboureur, et Nicolas Rousseau et autres, les tous manants et habitans de la paroisse du dit Challans ; assemblez au son de la cloche en corps politic, faisant la plus grande et majeure partie des habitans d'ycelle, d'une part, et Jean Robert, écuyer, seigneur de Boisfossé et y demeurant susdite paroisse, lequel n'ayant jusqu'à présent pu trouver aucune fondation qui lui puisse attribuer les droits de sépulture et des bancs, dont lui et ses auteurs ont de temps immémorial disposé, l'un étant en la chapelle du Rosaire et du côté de l'Evangile, joignant la muraille au-dessous du vitrail de la ditte chapelle, distant de six pieds ou environ du balustre, contenant six pieds en carré, et l'autre dans la nef joignant les barreaux du chœur de la ditte église du côté de l'évangile, à la largeur du dit banc conterant cinq pieds en quarré, lesquels dits sieurs curé et fabriqueurs et habitants, ont de leur bon grez et volonté, sans aucune suggestion de personne, consenti, voulu et accordé et par ces présentes veulent et accordent, sous le bon plaisir de notre très illustre et Révérend évêque de Luçon, ou de Messieurs les officiers, continuent les dits droits de sépulture et de bancs en la ditte église, tant pour le dit seigneur de Boisfossé que ses successeurs et cause ayants, en cette faveur et considération, le dit sgr de Boisfossé a aussy de son bon grez et libre volonté, a donné et par ces présentes donne à perpétuité à la fabrique dudit Challans un boisseau de froment de rente mesuré de cette cour et un autre boisseau de froment de rente mesure de cette cour et un autre boisseau de froment à la cure de ce dit lieu, pris et assigné sur sa maison noble de Boisfossé et

généralement sur tous ses autres biens présents et futurs quelconques, la
ditte rente payable au terme et feste de St-Michel prochain, pour continuer
le dit payement d'an en an et de termes en termes, ainsy qu'ils pourront
échoir, laquelle rente d'un des dits boissaux sera assise sur les biens de feu
Jacques Foucher et spécialement sur une charie de terre située dans le fief de
de la Vérie, le dit sgr de Boisfossé s'obligeant au gariment de la ditte rente
d'un boisseau comme cy dessus et s'obligeant de faire donner une fois dans
un mois un nouveau contrat de la ditte rente par les héritiers du dit Foucher, soit à la fabrice, soit à la cure, moyennant quoi il ne restera qu'un
boisseau de froment assigné sur sa ditte maison et ses autres biens, et en cas
qu'il se trouve quelques anciennes fondations pour les dits droits des deux
bancs, et sépultures faites par ses auteurs, l'uno desquelles fondations demeurera nulle et de nul effet au choix et option desdits s' curé et habitans.

Signé : GROUSSEAU, n^{re}.

LXXX. — 1688.

*Acquêt fait par Etienne Laydet sur François Giraudet et
Margueritte Cougnaud, sa femme d'une charruye de terre
sujette à la rente de deux boisseaux de froment due à l'église.*

Sçachent tous que pardevant nous notaires soussignez du marquisat de
la Garnache, ont étez présents et personnellement établis en droit et duement soumis François Giraudet, charpentier et Margueritte Cougnaud, sa
femme, de lui bien et duement autorisée pour le contenu des présentes,
demeurans ensemblement au bourg de Challans d'une part, Etienne Laydet
maitre armurier demeurant au bourg de Challans, d'autre part, lesquels
Giraudet et Cougnaud, de leur bon grez et volonté, solidairement l'un pour
l'autre et encore un d'eux seul pour le tout, avec les renonciations cy-après,
ont vendu, cédé, délaissé et transporté et par ces présentes vendent, cèdent
et transportent pour eux et les leurs, au dit Laydet stipullant et acceptant
tant pour luy que pour les siens, sçavoir est une charruye de terre labourable ou environ située en fief Raionneau, sujette à terrage à la seigneurie
de la cour de Challans, à la sixte partie des fruits et outre à un boisseau de
bled froment, mesuré de Comquiers, à l'église de Challans, au terme de
Saint-Michel, tenant d'un côté à la terre de la petite Juisière, de l'Orient et
d'un bout au grand chemin qui conduit de Challans à Pontabert, du midy
et d'autre bout aux terres de Francheteau, de l'Occident, que le dit Laydet
a dit bien connaitre sans autre déclaration, la présente vente faite au grez
des parties pour le prix et somme de soixante livres, que le dit Laydet a
payée comptant, en louis d'argent et autre monnaie ayant cours, suivant

l'ordonnance, à la vue de nous nottaires, que les dits vendeurs ont pris et reçu, de manière qu'ils s'en sont contentés et ont quitté et quittent le dit acquéreur.

Fait et passé à lachapelle de Saint-Symphorien, le 1er jour de septembre 1688.

Le vidimus est signé : Mesnardeau, J. Morisseau, Archambaud, notaire, Coursaud, notaire. Controllé à Challans le 16 mars 1700.

Signé : J. DE LA TOMBE.

LXXXI. — 1689

Copie de l'acte de concession d'un banc faite le 3 avril 1689 au sieur Coursaud de la Grenonnière pour huit livres par an, payable, un tiers à l'église, un tiers au curé et un tiers au prieur.

Cet acte prouve que les Courrivaud n'ont point droit de sépulture sous l'hôtel de Saint-Rhoc.

(Voir le texte intégral de cette pièce, *Revue historique de l'Ouest*, 7e année, 2 livraison, mars 1891, page 136 et suivantes).

LXXXII. — 1700.

Testament de dame Julienne Bûcher, veuve de Me Claude de la Tombe, en son vivant controlleur des actes des nottaires, demeurant au bourg de Challans.

In nomine.... Je dame Julienne Bucher, veuve de feu Me Claude de la Tombe, vivant controlleur des actes de nottaires, demeurant au bourg et paroisse de Challans.... devant Me Bertrand Coursaud et Jean-Baptiste Caillau, notaires de la Baronnie et seigneurie Commequiers, demeurant séparément au dit bourg et paroisse de Challans, lesquels ai requis et envoyé quérir, je recommande mon âme... et veux mon corps être inhumé dans l'église du dit lieu de Challans, proche de la sépulture du dit feu de la Tombe, mon deffunt mary, que le jour de mon enterrement il soit dit un service à trois grandes messes, qu'il soit aussy distribué aux pauvres la somme de six livres, qui sera d'un sol à chaque pauvre; Item un pareil service, à la huictaine, aux pauvres ou de l'argent, jusqu'à la somme de neuf livres; un pareil service au bout de l'an ; Item je lègue et fonde une messe à basse voix par chacune semaine et à perpétuité, qui sera ditte dans l'église de ce dit lieu à l'autel du Rosaire, et que le jour sera fixé entre le chapelain qui l'acquittera et l'exécuteur de mon testament ou mes héritiers, afin qu'ils puissent y assister, laquelle fondation ay érigée en bénéfice des Barbottins, pour l'assurance duquel je donne la rente foncière de cinquante livres à moy duë par Jacques Barreteau demeurant à Fallourde, en la paroisse de Soulans, assignée sur deux moulins l'un à vent, l'autre à eau, situés au dit lieu de Fallourde, laquelle rente le bénéficier titulaire du dit bénéfice touchera chacun an au terme de Noël; pour lequel bénéfice je présente Gabriel Raynard clerctonsuré estudiant actuellement au séminaire de Luçon, fils de Me Pierre Raynard et de dame Claude Plancher, demeurant en ce dit bourg, nous dits nottaires stipulants et acceptants pour le dit Gabriel Raynard, absent, à la charge pour le dit titulaire de se faire recevoir à la manière accoutumée sur la ditte présentation et en cas que la ditte présentation ne fust pas dans l'ordre prescrit et qu'il en faille une autre, je veux et entend que mes héritiers qui présenteront le dit bénéfice après le décès du dit Raynard titulaire aux Barbottins, mes héritiers maternels et à ceux de leur estocq et ligne et leurs représentants, et attendu que le dit bénéficier est encore estudiant au dit séminaire et qu'il n'est pas en état d'acquitter ce luy mesme le dit bénéfice, il le fera dire et acquitter dans la ditte église de ce lieu jusqu'à ce qu'il soit en estat de le faire luy mesme, voulant qu'il soit dit et acquitté dans ce dit lieu par le dit titulaire, ou en cas d'absence et de résidence ailleurs, il le fera acquitter par les prêtres qui seront résidents dans ce dit lieu, et outre il sera dit par le dit titulaire une grande messe par chacun an à pareil jour de mon décès, avec un *Libera* sur ma fosse, laquelle messe sera aussi prise sur la ditte rente de cinquante livres attendu qu'elle est plus que suffisante pour l'acquit de la ditte fondation; Item je déclare devoir au sieur Découdres, mon beau-frère, la somme de cent livres qu'il m'a prestée à mon besoin, que je veux qu'il luy soit payé, et outre je luy donne un lit dans lequel il couche, garny de ses rideaux de mosquette ou game de Paris, avec sa coëte, traverlit, courtepointe, en l'estat qu'il est, avec quatre linceuls et une douzaine de serviettes d'étouppes, et six serviettes de chanvre et toutes les chemises de mon deffunt mary, et aussy ses bas de toile et ses manchettes ; et outre je veux et entends que mes héritiers ne fassent aucune recherche envers Mlle de la Tombe, ma belle-mère, pour raison de mon douaire et de mes droits mobiliaires, ainsy que pour les biens situés en la ville de Poitiers et aux environs, voulant gratifier ma belle-mère et ses enfants de tout ce qu'ils pourraient me devoir ; Item, je déclare devoir à M. Garnier pour les droits de jauge-courtier-commissionnaire quelque somme de deniers et qu'il luy est du aussy quelque argent pour la ferme des mesmes droits de jaugeur-courtier-commissionnaire que mon mary avait pris de luy ; Item, je donne à M. de la Fonte close Joenet la somme de cinquante livres pour les rapchapts de la métairie de la Crespellère ; Item, je dois à M. de l'Etang Ménardeau, de ce lieu, la somme de 25 livres ; Item, je dois à Me Stmonot, femme de Denis Poisson, cabaretière, quelques deniers pour les dépenses de mon mary : Item, je dois à Marie Rousseau, ma servante, la somme de 23 livres pour ses services ; Item, je dois à Jullien Cornevin, meunier, trois boisseaux de sègle, mesure de Challans, à raison de 69 sols le boisseau ; Item, je veux que Anne Soret, ma servante, soit payée de son année entière de ses gages qui sont de dix livres ; Item, je déclare devoir à M⁰ Pierre Raynard la somme de 36 livres pour la jouissance de la maison où je demeure, pour la présente année, dont le terme est à la Saint-Michel ; Item, je déclare devoir au sieur Aillery, boulanger, 30 sols pour du pain et 13 sols à Etienne Perocheau, marchand ; Item, je dois à Nicolas Cougnaud, le jeune, 20 sols pour de la viande et 40 sols à Etienne Grondin, mercier ; Item, je dois à M. Rayé, prêtre, 30 sols pour la messe de l'enterrement de mon mary ; Item, je déclare qu'il m'est dû par M. de Marconnais, de Saint-Christophe, la somme de 20 livres, pour la ferme des Raillères, dont il a reçu plus qu'il ne devait ; Item, il m'est dû par les héritiers de défunt Jean Poyneau, quelques deniers que j'ai payés pour eux au sieur Imbert de la Cholletière ; Item, il m'est dû par le sʳ du Retaillon, Gaborit de la Garnache, la ferme échue de la Chandeleur dernière et par le sʳ des Ayrauds, Nicoleau, 8 livres pour quatre années d'arrérages, de 40 sols de rente ; Item, je déclare que je suis en compte avec le sʳ de la Fradinière pour la ferme des Rallières ; Item, je dois au sʳ de la Gaudinière, Courrivaud, 40 sols pour des tablettes ; Item, je veux que mes meubles soient vendus pour payer mes dettes cy-dessus et le surplus être employé en messes à basse voix, ainsy que le surplus de mes créances ; pour l'exécution de mon testament j'ay nommé M⁰ Pierre Ménardeau, sʳ de l'Etang, procureur fiscal de ce lieu ;

Et outre je déclare qu'il m'est dû par le sʳ Cantin, procureur de ce lieu, 7 livres 10 sols pour un fusil qu'il m'a acheté et 25 sols pour ma part des devoirs qu'il doit à la Rallière dont mon mary était fermier, déduction à faire pour les frais d'inventaire qu'il a fait à la mort de mon dit mary ; Il m'est dû par Billon, métayer des Rallières, la somme de 4 livres pour restant de compte et que je donne à Julienne Billon, ma filleule ; je veux aussi que toutes mes dentelles soient données au Rosaire de ce lieu pour être mises à l'autel ; je donne à Julienne Barbotin, ma filleule, mon habit d'étamine teinte en noir, à Hyacinthe de la Tombe, ma belle-sœur, mon habit de broquard bleu. Fait et passé en la demeure de la ditte testatrice, au bourg de Challans, le 27 février 1700.   Signé : Cournaud et Caillau, notaires.

Controllé à Challans, le 1ᵉʳ mars 1700.   Signé : De la Tombe.

Enregistré au registre des omologations de l'évêché de Luçon, le 23 may 1700.
                                                  Signé : Durand.

Insinué en ce qui regarde la fondation au greffe des insinuations, le 6 juillet 1700.   Signé : Bonnet.

LXXXIII. — 1700.

*Titre de rente d'un boisseau de froment dû par Marguerite
Dugué, veuve Laydet.*

Aujourd'huy 15e jour de mars 1700, après midy, pardevant nous notaires
soussignés de la baronnie de Comquiers, ont été présents et dument soumis, Marguerite Dugué, veuve de Etienne Laydet, maitre serrurier, demeurant au bourg de Challans, d'une part, et Me Pierre Ménardeau, sieur de
l'Etang, procureur fiscal de ce lieu, et Jacques Morisseau, marchand, demeurant séparément en ce lieu, au nom et comme fabriqueurs de l'église de
Challans, d'autre part, laquelle ditte Dugué, tant en son nom que comme
tutrice de ses enfans mineurs, se reconnait propriétaire d'une charruye de
terre située au fief Ratonneau, sujette à terrage à la sixte partie des fruits
au seigneur de cette cour et chargée envers la fabrique du dit lieu de
Challans d'un boisseau de froment de rente foncière, annuelle et perpétuelle,
payable à chaque terme de Saint-Michel...

(Signé : ARCHAMBAUD et COURSAUD, notaires.

LXXXIV. — 1700.

*Titre de rente d'un boisseau de froment dû à l'église par Mar-
guerite Gillet, tutrice de Catherine Francheteau sa fille. A
la Révolution cette rente était payée par Catherine Michau,
veuve de René Simon, de la Baffrerie.*

Aujourd'huy 28e jour du mois d'avril 1700, avant midy, pardevant nous
notaires soussignés de la baronnie de Comquiers, ont étez présents en leurs
personnes, Me Pierre Mesnardeau, sr de l'Etang, procureur fiscal de Challans, et Jacques Morisseau, marchand, demeurant séparément en ce bourg
et paroisse de Challans au nom et comme fabriqueurs en charge de l'église
de Notre-Dame de Challans, d'une part, et Marguerite Gillet, veuve de
Jacques Francheteau, marchand, demeurant aussy en ce bourg, au nom et
comme tutrice de Catherine Francheteau, sa fille, laquelle Gillet a déclaré
être propriétaire d'une charruye de terre labourable située au fief Ratonneau, apartenant à sa ditte fille par le décès de Catherine Cougnaud, son
ayeule, confrontant d'un bout vers le midi au chemin qui conduit du bourg
de Challans par le derrière au village de la Juisière, d'autre vers le septentrion à la terre de madame de la Guillotière et à celle de la confrérie de

Saint-Nicolas, du côté vers l'orient à la terre de la ditte fabrique de Challans, d'autre vers l'occident au chemin qui conduit du dit bourg de Challans au village d·s Coûts, laquelle charruye de terre est chargée envers la ditte fabrique d'un boisseau de froment, mesure de Challans, de rente foncière, annuelle et perpétuelle, payable au terme de Saint-Michel, les arrérages de laquelle rente ladite Gillet a déclaré avoir payé au précédent fabriqueur, a la réserve de la dernière année, laquelle ditte Gillet fournira à ses frais une grosse des présentes pour être mise aux archives de la ditte église de Challans.

Tout ce que dessus a été par les parties consenti, stipulé et accepté, le 28· jour d'avril 1700.

Signé : ARCHAMBAUD et COURSAUD, notaires.

LXXXV. — 1640-1701.

Vidimus d'un acte de 1640, par lequel il est dû à l'église de Challans un boisseau de froment. C'est Mlle Thérèse Fleury, veuve de noble homme François Febvre de la Chauvière, qui possédait la· terre chargée de cette rente, comme étant aux droits des Fradets, qui doivent payer le dit boisseau.

Sçachent tous que par devant nous notaires soussignez, jurez en la cour de la baronnie et seigneurie de Comquiers, ont été présents et personnellement établi et dûment soumis, honorable Jacques Dodin, sr de la Bloire, dt en cette ville de Challans d'une part, et Louis Fradet, marchand drapier, dt en cette ville, d'autre part, lequel dit Dodin, de son bon gré et volonté, sans contrainte, suggestion ou induction de personne, ainsy de son propre mouvement, à vendu..... et vend..... en perpétuel héritage, au dit Fradet, sçavoir est trois boisselées de terre ou environ situées au tènement appelé : « derrière les champs » en cette ditte paroisse, en fief de la ditte baronnie et y terrageable à la sixte partie des fruits y croissant par labeur, et outre sujet à un boissseau de froment de rente à l'église de Challans, tenant les dittes boisselées à la métairie de la petite Voye, au jardin du vendeur, baye et sentier entre deux, et le pré de la métairie de Beausoleil, terrier et chemin entre deux, la présente vendition..... faite moyennant le prix et somme de 90 livres tournois, baillée présentement en pièces de 20 sols, et 58 sols et de 39 sols, en poids et prix de l'ordonnance du Roy notre sire.

Fait et passé en la ditto ville de Challans, le dernier jour du mois d'avril 1640.

Signé : Dodin, Fradet ; Mathurin Duaux et Luc Boissin, notaires.

Collationné à l'original étant en parchemin par nous notaires de la seigneurie de Comquiers, à nous représenté par Louis Fradet, sᵣ de la Fradinière, et François Feuvre, sᵣ de la Chauvière, dᵗ en ce bourg de Challans, héritiers de feu Charles Fradet, sᵣ de la Jousselinière.

Le 9ᵉ de janvier 1701.

Pour Vidimus. signé : ARCHAMBAUD et POISSON, nʳᵉˢ.

LXXXVI. — 1701.

Titre d'un boisseau de froment de rente.

Aujourd'huy, 24ᵉ jour de février 1701, par devant nous nʳᵉˢ soussignés de la baronnie de Comquiers, a été présent et personnellement établi en droit, Jacques Morisseau, le jeune, marchand meunier, dᵗ au bourg de Challans, lequel a reconnu que dès le 20 octobre 1699, il avait acquis du sieur Bué, une charruye de terre labourable (depuis convertie en pré), sise à la Bonne-Fontaine en cette paroisse, au fief de cette cour, tenant à la ditte fontaine et au chemin qui conduit de Challans à Coudrie de vers l'Orient et de l'Occident, le chemin qui conduit de la Nouë à la Cailletière, et du midy à la terre de la fabrice, laquelle terre dépendait de la métairie de la Brosse, qui est en la paroisse de Challans, laquelle charruye est chargée de payer un boisseau de froment à l'église de ce lieu, de rente annuelle et perpétuelle, à chacun terme de St-Michel, Mᵉ Pierre Mesnardeau, sᵣ de l'Estang, procureur fiscal de ce lieu et fabriqueur, à ce présent, stipulant et acceptant.

Quant à ce, fait consenti et passé au dit bourg, notre jurisdiction, le jour et an que dessus, sous les seings du dit Ménardeau et du dit Morisseau.

Signé : ARCHAMBAUD et COURSAUD, nʳᵉˢ.

Controllé à Challans, le 24 février 1701.

Signé : DE LA TOMBE.

LXXXVII. — 1701

Acte d'assemblée contenant la concession d'un banc faite au sᵣ Vigneron dans cette église, pour 8 livres de rente. Nomination de fabriqueurs.

Aujourd'hui. 6ᵉ jour du mois de mars 1701, à l'issue de la grande messe paroissiale de Notre-Dame de Challans, étant au lieu où on a accoutumé de s'assembler pour délibérer des affaires de la fabrice, par devant moi, notaire soussigné de la baronnie et seigneurie de Commequiers, ont comparu en

leurs personnes M· Pierre Mesnardeau, sᵣ de l'Etang et Jacques Morisseau,
l'ainé fabriqueurs, M⁰ Nicolas Denis, curé, Alexandre Guerrin, sᵣ de la
Terrière, procureur général de la fabrice, M⁰ Jean Vigneron, sᵣ de la Chau-
vetrie, M⁰ René Tardiveau, nʳᵉ, Joseph Loyseau, sᵣ des Dormans, sindic de
la paroisse, François Felvre, sᵣ de la Chauvière, Nicolas Martin, Jean
Douxami, Louis Jay, Jacques Bocquillard, Etienne Grondin, François et
Hugues Cornevin, Bertheran Gillon, Louis Guillot, Vincent Fuselier, Joseph
Monnereau, Pierre Cougnaud, père et fils, Louis Fradet, sᵣ de la Fradinière,
René et Claude Chaillou, Pierre Courrivaud, sᵣ de la Gaudinière, Louis
Grossin, Louis Rousseau, Sergent, Mᵉ Denis Poisson, nʳ·, Mᵉ André Fradet,
greffier, les tous officiers, marchands, laboureurs et autres soussignez, tous
habitans et manans de la ditte paroisse, assemblez en corps politique au
son de la cloche à la manière accoutumée à la diligence des sieurs fabriqueurs
pour nommer des fabriqueurs en leur lieu et place, lesquels ont unanimement nommé et nomment noble homme, Pierre Imbert, sᵣ de la Choltière,
demeurant au bois du Breuil en cette paroisse, avec lequel le dit sieur Denis
a volontairement déclaré être fabriqueur avec lui, lequel sieur de la Choltière
a présentement accepté la charge, de laquelle nomination j'ai donné acte ;
et sur ce que les dits habitans ont remontré qu'ils ont instance contre
M· Jean Vigneron, sieur de la Chauvetrie, pour raison d'un banc qu'il a
dans la nef de la dite église, lequel procès était pendant en la cour de parlement à Paris, auquel il serait intervenu arrêt, qui a renvoyé les parties
à plaider au présidial de Poitiers, lequel voulant terminer avec le dit sieur
de la Chauvetrie, et le dit sieur de la Choltière, étant intéressé comme adju-
dicataire du dit banc et dont néanmoins il s'était désisté par acte, sont
unanimement convenu que le dit sieur de la Choltière en demeure déchargé
et que le dit banc demeurera au dit sᵣ Vigneron, à la charge d'en payer par
lui huit livres de rente par chacun an à la dite fabrice et dont il sera passé
acte une fois dans le mois et dès à présent le dit sᵣ de la Chauvetrie s'oblige
de payer les deux années des fabriqueurs précédents, à la susditte raison de
huit livres par an, ce qui a été consenti par les dits habitans et passé sous
le ballet de l'église, hors le lieu saint, en notre jurisdiction, le dit jour et an
que dessus, sous les seings de ceux qui ont signé et quant aux autres nous,
ont déclaré ne sçavoir signer de ce enquis suivant l'ordonnance.

Ansy signé : Mesnardeau, Denis prêtre, Alexandre Guerrin, F. Imbert,
Poisson, Vigneron, L. Fradet, Sebvre, L. Rousseau, P. Cougnaud, Loyseau,
Tardiveau, C. Chaillon, R. Chaillou, L. Grossin, A Robert, René Buor, J.
Courrivaud, A Fradet, les tous sans déroger à mes exemptions, J. Morisseau.

Controllé à Challans, le 6 mai 1701.

Signé : DE LA TOMBE. Reçu : cinq sols.

Signé : ARCHAMBAUD, nʳ·.

LXXXVIII. — 1174.

Testament de Maître Mesnardeau, sieur de l'Estang, procureur fiscal.

In nomine.., Je Pierre Mesnardeau, sieur de l'Estang, procureur fiscal de la Chastellennie de Soullans, au bourg de Challans, T. âgé de 59 ans de ce jour, soin d'esprit.., Je recommande mon âme à Dieu, mon créateur...

2. Je désire que ma sépulture soit dans l'église de Challans, en cas que j'y décède, au-dessous de mon banc et qu'il soit dit un service de six grandes messes de *Requiem*, le jour de mon obit, une autre dans la huitaine, un autre dans la quinzaine et un autre dans la quarantaine, avec à chaque fois à la chapelle ardente, 48 grands cierges ;

3. Je veux qu'il soit donné à celui qui ensevelira mon corps, 30 sols et une chemise de mes plus belles ; je veux qu'il soit donné à 20 des plus pauvres de Challans, çavoir 10 garçons et 10 filles, à chacun une aulne et demie de beau linge, qu'ils porteront aux funérailles, avec chacun une chandelle de cire allumée pendant le service ;

4. Je prie les dames de la charité et toutes les dames dévotes qui sont de la Confrérie du Rosaire et de la Confrérie du Saint-Sacrement, d'avoir la bonté de faire la communion pour moi le jour de ma sépulture ;

5. Il sera donné aux pauvres 16 boisseaux de bled vallant seigle, 4 boisseaux à chaque service.

6. Je veux qu'il soit dit trois cents messes de *Requiem* à basse voix pour le repos de mon âme, sçavoir 100 en l'église de Challans par M. le curé et et tous les autres prêtres de la ditte paroisse par portion égale, le tout à l'autel du Rozaire, soit 100 messes par les religieux d'Olonne, à l'autel de la Vierge, soit 100 messes, par les religieux Jacobins de Beauvoir, sçavoir 30 à l'autel privilégié de Notre-Dame-de-Pitié et le reste au grand autel du Rozaire, quarante messes en l'église de Beauvoir, par M. le curé et son vicaire, moitié à l'autel de Notre-Dame-de-Pitié et l'autre à l'autel du Rozaire, 40 messes en l'église de Soullans, par M. le prieur et son premier vicaire et par moitié à l'autel du Rosaire ; lesquelles se diront le plus tôt possible et seront toutes payées à 10 sols.

7. Il sera dit aussi en l'église du Perrier, à l'hôtel Saint-Sauveur, 20 autres messes basses de *Requiem*, par M. le curé et son vicaire ;

8. Je veux qu'il soit donné aux pauvres de Challans, et non à d'autres, 30 boisseaux de bled, à commencer la distribution le premier dimanche de décembre après mon décès...

9. Je veux qu'il soit donné à la fille d'Alexis Martin boucher de ce lieu, à celle de Billon laboureur aux Rallières, à celle d'André Laidet, tailleur d'habits. à celle de Louise Roy. Sargettier, à celle de Biocheau le jeune, tailleur, au fils de la veuve Soret journallière, et au fils de défunt François Tribaleau, tous mes fllleuls et filleules, à chacun 20 livres. pour les ayder à se marier, ou à leur faire apprendre un mestier pour gaigner leur vie, ou à s'habiller s'ils en ont besoin ;

10. Je donne la somme de 60 livres à l'église de Challans pour achapter du vellours rouge pour garnir le dedans de la couronue impéria'le du tabernacle, avec un gallon tissu d'or pour en faire une croix sur ledit vellours au bas, qui pendra un peu, et trois begrettes blanches pannachées qui seront mises au-dessus de la couronne impérialle.

11. Je veux que mon diamant de 150 livres soit mis et attaché au soleil qui est dans le tabernacle de l'église de Challans. après qu'il aura été bénit, pour y demeurer toujours sous le bon plaisir de M. le curé et des habitans, et si le dit sieur curé ne le veult pas ou qu'il y trouve impossibi'ité, je veux qu'il soit vendu à un orfeuvre de Nantes et l'argent employé dans une lampe d'argent que je donne à l'autel du Rozaire.

12. Je veux aussi qu'il soit donné à D^{elle} Anne Bethuis, de la Bloire, ma filleule, la somme de 100 livres pour s'entretenir d'habits.

13. Je veux aussi en cas que le roy fasse le remboursement de mes deux ollices, l'un de sindic perpétuel. et l'autre de greffier des Rolles des tailles de la paroisse de Challans que j'ay achepté, l'un 775 livres et l'autre 702 livres, venant ensemble à 1477 livres, je veux que de cette somme il en soit donné au couvent des jacobins de Beauvoir, 600 livres. qui seront mis entre les mains de M. de la Brionnière du Vau de Beauvoir, ou entre les mains de M. de la Rouillière Dorion dudit lieu, laquelle somme sera employée à la décoration de l'autel privilégié de Nostre-Dame-de-Pitié, tant pour la dorure que peinture nécessaire et pour des ornements et sera mis audit autel un estuit de bois de sapin pour l'enfermer, pour le conserver de l'humidité, lequel estuit sera peint par dedans et par dehors pour cacher la couleur du sapin, et les 877 livres restant je veux qu'il en soit donné 700 livres à l'église de Challans. pour être employé à faire bastir l'aisle de l'église du côté de la chapelle Saint-Jean, jusqu'au mur du gran l autel, affin de rendre l'église régulière, et si le dit sieur curé et les habitants ne veulent consentir à cette réparation, ils ne toucheront pas la ditte somme, qui sera donnée à l'hospital de Nantes ;

14. Je donne à l'église des Habittes la somme de 60 livres, pour des ornements ;

Je donne à perpétuité à l'église de Challans ma maison et ses dépendances sise au bourg, que j'ay acquise de François Feuvre, s^r de la Chauvière, à la charge par les fabriciens de donner chaque année aux pauvres de la paroisse la recete de 30 livres de pains, qu'ils remettrons aux mains de la supérieure de la Charité, de faire dire une messe de *Requiem* par semaine pour le repos de mon âme, devant l'autel du Rozaire, d'entretenir une lampe allumée devant le dit autel du Rozaire, ne pouvant porter assez d'honneur et de respect à la sainte Vierge, exhortant les dames de la Charité et la confrérie du Rozaire d'y prendre garde — laquelle maison s'appellera désormais la maison du légat et ne pourra jamais être vendue, sous quelque prétexte que ce soit ; et dans le cas où la présente donation ne serait pas acceptée, je charge M° Viault, prêtre curé de Saint—Hilaire de Ryé de mettre en vente ma ditte maison et d'en employer ensuite le prix au revenue de la ditte église pour les clauses indiquées plus haut.

16. Je donne et lègue aussi à la Charité de Beauvoir la tierce partie de mes domaines qui y sont situés, priant le procureur et la dame supérieure de la Charité d'en employer le prix en distribution de pain aux pauvres, à la charge de faire dire deux grandes messes à perpétuité l'une à l'autel du Rozaire, l'autre à l'autel de Notre-Dame-de-Pitié et d'entretenir pendant 3 ans deux cierges allumés, l'un devant la Passion et l'autre devant l'autel du Rozaire, les dimanches et festes seulement, pendant les offices, pour faire amende honorable de mes péchés ;

17. Je donne pareillement à la charité de Notre-Dame—de-Monts, la tierce partie de mes domaines situés dans les paroisses de Notre-Dame et de Saint-Jean, avec les mêmes charges que pour Beauvoir, priant M. l'évêque de Luçon d'établir une charité à Notre-Dame dans le cas où il n'y en aurait pas et en attendant M. le curé se chargerait de distribuer le pain aux pauvres ;

18. Je donne aussi à la charité d'Aspremont la tierce partie de mes domaines situés dans la paroisse des Habittes, avec mêmes charges que cy-dessus ;

19. Je donne à l'église de Challans, la tierce partie de plusieurs petites rentes, s'élevant à la somme de 5 livres, pour être les charges de mon dit légat mieux acquittées ; en cas de refus, je les lègue aux Jacobins de Beauvoir ;

20. Je donne à l'hospital de la ville des Sables—d'Olonne la tierce partie d'une rente foncière de 130 livres, à moy due par M° Plumet, veuve de M. de la Gemaubertière, sur leur maison de Lestur, paroisse de Landeviellle à la feste de Noël.

21 Je donne à l'église de Landevielle la rente foncière de 11 livres à moy due par laditte dame Plumet sur sa maison de Lestur, à la charge de faire dire une messe par an ;

22. Je donne à l'hospital de la ville de Poitiers la somme de 2,160 livres

à moi due par les frères Moreau, demeurant à Saint-Hilaire-de-Ryé, que je n'ai jamais pu me faire payer, car ce sont gens très viollents et pas un sergent n'oze leur faire de contraintes, crainte d'être assassiné, dans leur borderie du petit bois ;

22 bis. Je donne à Marguerite Cougnaud, ma servente, 13 livres 5 sols de rente à moy due par M° Remigeau, apothicaire à Saint-Gervais, mais ce dit legs n'est fait que pour dix années seulement ; cette rente appartiendra ensuite au Rozaire de l'église de Challans, à la charge par les confrères de faire dire 12 messes basses de *Requiem*, par les vicaires qui seront payés à 15 sols par messe;

23. Je donne au couvent des Jacobins de Beauvoir 5 livres 5 sols de rente constituée sur les biens de la fille de Joseph Bonin de la Garnache, du sieur de la Maisonneuve, Blanchard, de Vieillevigne et une autre de 3 livres due par Louis Guilbaud, masson de Saint-Christophe du Ligneron, à la charge de dire 6 messes basses à l'autel de *Notre-Dame-de-Pitié* ;

24. Enfin je veux que, s'il reste du surplus dans ma succession, il soit donné aux hospitaux de Nantes et de Poitiers et aussy que s'il se trouve quelque parent pauvre même éloigné, il soit remis à chacun la somme de cent livres ;

25. Je déclare qu'en ma maladie j'ai fait vœu de faire dire une messe à Notre-Dame-de-Bon-Secours, à Nantes, me confesser et communier, ce que j'ay négligé ; je prie M. le curé de Challans de vouloir bien aller acquitter mon vœu et pour cela je lui donne dix livres ;

26. Et pour l'exécution de mon testament, je nomme M° Pierre Viault, curé de Saint-Hilaire-de-Ryé et le R. P. Dupond, religieux prieur des Jacobirs de Beauvoir-sur-Mer ;

27. Je veux en outre qu'il soit donné au prestre ou religieux qui m'assistera à mon lit de mort la somme de 30 livres, pour le récompenser de ses peines.

Fait en ma maison audit bourg de Challans, le 29° de septembre 1714.

Signé : MESNARDEAU.

LXXXIX. — 1719.

Assignation relative au payement de la rente constituée au profit de l'église par acte du 28 avril 1700, d'un boisseau de froment assigné sur une terre en fief Rotonneau. Feu René Simon, marchand, acquit cette terre de Jacques Cantin et de Gillette Hillairet, sa femme, héritiers de Catherine

Francheteau, en son tems, femme de M⁰ Claudin Bonin de la Brunière de Soulans, par acte du 15 novembre 1719, au rapport de Poisson, notaire, et Catherine Micheau, veuve de René Simon a donné une atournance à l'église de Challans du boisseau de froment en question, par acte du 24 janvier 1731, au rapport de F. Viaud, notaire. — Voir plus haut le n° LXXXIV.

A la requeste de M⁰ Charles-René Bouchier, chevallier, seigneur de la Verrie, y demeurant, paroisse de Challans, au nom et comme fabriqueur en charge de l'église du dit lieu lequel a constitué pour son procureur, M⁰ Jean Vigneron, sieur de la Chauvetrie, procureur fiscal du dit Challans, je sergent soussigné ay à Jeanne Hillairet, veuve de Jacques Benesteau, laboureur, héritière en partie de deffurte Catherine Francheteau, demeurant en la paroisse de Sallertaine, signifié et dument fait savoir le contrat étant en date du 28 avril 1700, signé : Archambaud et Coursaud, notaires cy attaché et dont luy ay donné copie au long avec mon présent exploit à touttes et telles fins que de raison, et afin qu'elle n'en ignore et à la ditte requeste, luy ay donné jour et assignation à comparoir, à trois jours francs prochains pardevant M. le Sénéchal de la baronnie de Commequiers, au bourg du dit Challans, au parquet et auditoire du dit lieu, l'audience tenant pour voir sur elle déclarer exécutoire le dit contrat tout ainsy et comme il l'était au proffit du dit sieur Mesnardeau, au nom et comme fabriqueur de l'église du dit Challans, par Marguerite Gillet, mère et tutrice de la ditte deffunte Francheteau, ce faisant être condamné avec Jacques Cantin, Gillette Hillurett, son beau-frère et sa sœur aussy appellé de payer en deniers ou quittances vallables 19 années d'arrérages de la rente foncière d'un boisseau de froment, mesure du dit Challans, mentionnée au dit contrat... Fait par moy Jean Aillery sergent ordinaire de la ditte Baronnie de Commequiers, y reçu et imatriculé résidant au bourg de Challans, le 18⁰ jour d'octobre 1719 et me suis transporté distant d'une lieue.

Signé : AILLERY, sergent.

Pareille assignation fut portée à Jacques Cantin et à Gillette Hillairet, demeurant en le bourg de Challans et héritiers de la deffunte Francheteau.

Controllé à Challans le 19 octobre 1719.

Signé : VIAUD F : — Reçu 9 sols 6 deniers.

XC. — 1723.

Arrentement fait à Honoré Naulleau du journal de prez des Banches dans la paroisse du Périer, pour 10 livres par an. — Le sieur Grolleau héritier du dit Naulleau, son grand' père a cédé ce domaine à Pierre Pajot par acte du 30 juin 1757.

Aujourd'huy, 14ᵉ jour du mois de février 1723, à l'issue de la grande messe paroissialle de Challans, dite et célébrée par Mᵉ Demetrius Corbin, docteur en théologie, curé de la dite paroisse, le peuple sortant en affluance de l'église d'ycelle, assemblez en corps politicq, au son de la cloche à la manière accoutumée, étant au lieu où l'on a accoutumé de s'assembler, pour délibérer des affaires de ladite paroisse, par devant moy notaire royal de la baronnie de Comquiers, à Challans, soussigné, a comparu en sa personne honorable homme Honoré Nollau, marchand fermier, demeurant en sa maison de la Bourrière paroisse du Perrier, lequel a dit et remontré à l'assemblée qu'il y a plusieurs années qu'il jouit par bail d'un journal et demi de prez dépeudant de l'église de Challans, situé en ladite paroisse du Périer, moyennant le prix et somme de sept livres par chacun an, ycelui appellé les Banches, et pour que le dit journal de prez ne soit plus exposé ni mis au bail, il offre au profit de ladite église de Challans de payer par chacun an une rente de dix livres, à chacun terme de la Chandeleur ; en cet endroit ont aussi comparu Mᵉ Démétrius Corbin, curé, Mᵉ François Dorineau, écuyer, sgr de la Bastière, advocat à la cour et sénéchal de cette dite paroisse, Mᵉ Jean Vigneron, advocat et procureur fiscal d'ycelle, Mᵉ Jean Baptiste Caillau sʳ de la Taraudière, notaire royal et apostolique, noble homme Jean Coursaud, sʳ de la Grenonnière, advocat à la cour, Mᵉ Bertherand Coursaud, sʳ de la Fuye, notaire de cette cour et procureur de la Charité, Mᵉ Denis Poison, notaire, Mᵉ Claude Archambaud, notaire, Mᵉ Philippe Gaubert, sʳ de Vallory, directeur des postes de ce lieu, Mᵉ Vital Lagardère, huissier royal, Guillaume Sorin, sindic de cette dite paroisse, Mᵉ François Viaud, notaire, Jean-Louis Bossis, maître chirurgien et apotiquaire, Pierre Bossis, sʳ de la Demangère, Alexis Douxami, marchand, Nicolas Ganachaud, marchand, Mathurin Daniau, marchand, Pierre Coudriau, maître maréchal taillandier, Louis et René Chauchet, mareschaux ferrans, Pierre Grellier, marchand, René Simon marchand, Louis et Pierre Charon, laboureurs, Maurice Giraudeau, laboureur, André et Jacques Merceron, laboureur, et autres tous habitans de ladite paroisse, faisant la plus saine partie d'ycelle assemblez, qui ont accepté l'offre du sieur Nolleau...

Signé : Daniau, notaire.

Controllé et insinué à Challans, le 27 février 1723. Reçu pour controlle 1 livre 6 sols et pour insinuation 2 liv. 8 sols.

Signé : Gaubert.

XCLI. — 1728

Arrentement sur Pierre Coudriau, d'un boisseaa et demy de seigle et aussi sur Catherine Micheau, veuve René Simon d'un demy boisseau de seigle, au profit de l'église.

Aujourd'hui, 18 jour de janvier 1728, à l'issue de la grande messe parois-siale de Challans, célébrée par Me Etienne-Joseph Voglen, vicaire de cette paroisse, le peuple assemblez en corps politiques, au son de la cloche, en la manière accoutumée pour délibérer des affaires de cette paroisse, par-devant moy, notaire royal de la Baronnie de Comquiers, à Challans, soussigné, furent présents en leurs personnes Coudriau, maitre maréchal taillandier et Catherine Michau veuve de René Simon, marchande, demeu-rant au bourg de Challans, lesquels ont dit que par le bail des terres dépendant de l'église du dit lieu passé le 16 mars dernier, à la requesto et diligence de Monsieur Vital Lagardère, notaire royal et procureur de cette dite Baronnie, fabriqueur en charge de la dite fabrique, il leur avait été, adjugé, savoir au dit Coudriau, trois boisselées de terre, à présent en friche, dans le fief de Lépine dépendant du prieuré de ce lieu, sujette à terrage à la sixte partie des fruits y croissants par labour, tenant le chemin qui conduit des couts au dit bourg, pour le nombre de boisseau et demi de bled seigle, payable à la Saint-Michel et à la dite Micheau, une boisselée de terre labourable en fief Ratonneau, sujette aux sixte, pour le nombre d'un demi boisseau de bled seigle, payable à la dite Saint-Michel lesquels dit Coudriau et Micheau demandent à l'assemblée d'avoir pour agréable que désormais leur ferme devienne une rente foncière, annuelle et perpétuelle :

Ont aussy, comparu Me Germain, Démétrius Corbin, docteur en théologie curé de la paroisse, noble homme Jean Coursaud, sr de la Grenonnière avocat à la cour, Joseph Coursaud, sr de Luctière, Me chirurgien apotiquaire et fermier du château de la Motte-Fouquérand, Me Pierre Coursaud, bourgeois, Me Jean-Baptiste Cailleau, sr de la Taraudière, bourgeois, Me Claude Ar-chambaud, notaire royal et procureur de la dite cour, honorable homme Jean

Trousset, marchand poilier, M̄e Pierre Bossis, sᵣ de la Dommangère, aubergiste, Maurice Cougnaud, boucher, Pierre Vigreux, serrurier, M̄e Antoine Grondin, sergent, M̄e Jean-Louis Bossis, M̄e chirurgien et apotiquaire, François le Tanneur, marchand poilier, M̄e Pierre Trichet, sᵣ de Villeneuve, M̄e chirurgien et apotiquaire, et sindic de cette paroisse, M̄e François Viaud, nᵣe, Pierre Lory, cellier, Guillaume Sorin, marchand, Jacques Taillé laboureur, François et Pierre Charon, laboureurs, Jacques Monicet, laboureur, Louis Jolly, laboureur, Jacques Chaillou, marchand, Jacques Archambaud, laboureur, Jean Archambaud, laboureur, et autres tous habittans de cette paroisse, faisant la plus saine et majeure partie d'icelle, qui ont accepté l'offre des dits Coudriau et Micheau...

Fait et passé sous le ballet de la dite église, les dits jours, mois et an que dessus.

XCII. — 1728

Arrentement, au profit de la fabrique, du pré appelé le champ de Buzin, à noble homme Pierre-Jacob-Imbert de la Cholitière, pour 8 livres par an.

Aujourd'hui, 29e d'aoust 1728, à l'issue de la grande messe paroissiale de Challans. — par devant les notaires soussignés, de la Baronnie de Comquiers M̄e Vital Lagardère, notaire, a convoqué les habittants pour consentir que les deux journaux de prez, étant plus en rocher et haye que prez, appelé le champ de Buzin, proche et au-dessus le village des Halles, tenant du septentrion et du midi au prez de la Tercerie et des Halles, appartenant au sᵣ de la Choletière, et à l'orient au fief des Brethellères et à l'occident au chemin qui conduit des Halles à la Garnache, en fief des Brethellères, y sujet à 16 sols de cens, soit donné à rente foncière à noble homme Pierre-Jacob Imbert, sᵣ de la Choletière et des Brethellères, demeurant ordinairement à la Chaume près les Sables-d'Olonne, étant de présent en sa maison noble des Brethellères, pour la somme de huit livres de rente, payable chaque année à la Chandeleur, et ont comparu M̄e Corbin, curé, Patrice Kelly, vicaire, écuyer François Dorineau, sᵣ de la Bastière, et sénéchal de ce lieu, noble homme Alexandre René Travers, sᵣ du Fief, advocat en la cour, M̄e Guillaume Daniau, notaire, Pierre Trischet, sᵣ de Villeneuve, M̄e chirurgien et sindic, M̄e François Viaud, notaire, M̄e Philippe Gaubert, sᵣ de Vallory, M̄e Joachim La Loé, notaire, Honoré Naulleau, marchand, M̄e Pierre Coursaud, sᵣ de la Coursaudière, Alexis Martin, marchand boucher, Maurice Cougnaud, aussy boucher ; Jacques et Claude Gué, laboureurs, Gabriel Abillard, laboureur,

Jacques, Louis et André Pillet, laboureurs, René Bessoau et Julien Cornevin, marchands, et autres tous habitans de ce lieu qui ont accepté et signé.

Quant à ce, fait consenti et passé au bourg de Challans, sous le ballet de
adite église, hors le lieu saint, les jours, mois et an que dessus.

Signé : RAYNARD ET ARCHAMBAUD, notaires.

Controllé et insinué à Challans, le 1er septembre 1728. Reçu pour controlle
24 sols et pour l'insinuation : 36 sols 6 deniers.

Signé : GAUBERT.

XCIII-1730

*Contrat de vente fait par le sieur Curé de Challans (étant aux
droits cédez de M. Boisfossé et autres héritiers de Mlle Boisfossé et autres héritiers de Mlle de Boissableau) et par le sieur
Cormier, pour un banc et emplacement dans l'église (à Jean
Baptiste Cailleau, de la Taraudière, pour 3 livres par an,
moitié à l'église, et moitié au curé.*

Pardevant nous notaires soussignez jurez des chatelainie, terres et commanderie de Coudrie et des Habites, ont comparu Me Corbin, curé de
Challons, y demeurant, lequel étant aux droits de Me Jean-Louis Robert,
écuyer sgr de Boisfossé et autres, tous héritiers de feu Me de Boissableau
et de dame Anne Robert son épouse, lequels auroient cédé au dit sieur
curé la moitié d'un banc, le 27 décembre 1727, dùment controllé et insinué
au bureau de ce lieu le 26 janvier présent mois, signé Trichet, et Jacques
Mathurin Cormier, sr, de Homeaux et procédant sous l'autorité de noble
homme Jacques Laurant Cadou, s^r des Marchais son curateur, demeurant
ensemblement au bourg de Ryé, le dit Cormier héritier de son père et de
feu M. de Boissableau avec noble homme Jean-Baptiste Cailleau s^r de le
Taraudière, fermier du château de la Motte-Fouquerand et y demeurant,
lesquels dits curé et Cormier ont cédé à perpétuité au dit s^r de la Taraudière,
un banc avec son emplacement et droit de sépulture, situé dans l'église de
Challans, le dit banc étant sur 6 pieds de long et 5 de large et l'emplacement
étant de 6 pieds en quarré pour le droit de sépulture, laquelle cession est
faite au dit s^r de la Taraudière, pour le prix et somme de trois livres de
rente que le dit acquéreur payera, chaque vingt-cinq février moitié à
l'église et moitié aux curés de ce dit lieu de Challans, le 26 janvier 1730.

Nous soussignez abandonnons à pur et à plein toutes les prétentions que
nous avons dans le droit de banc, venu par la mort de feue mademoiselle

de Boissableau, dans lequel nous avions la moitié, au profit de la fabrique
et celui de M. le curé, pour en disposer comme bon leur semblera, ayant
payé tous les arrérages que nous pouvions devoir pour notre part du dit
banc, par le transport que nous en avons fait sur le nommé Barreteau,
fermier de notre borderie de logerie, qui lui sera payé à la Saint-Michel
prochaine. En foi de quoy, M. le curé s'est soussigné avec nous. Fait double
sous nos seing au dit Challans, ce 7 décembre 1727.

Signé : De Boisfoseé, Corbin, Viaud et J. Migné, notaires.

XCIV-1730

Contrat de rente de 150 livres, duë par le sieur Vigneron de la Guillottière sur la maison du Légat.

Aujourd'huy dimanche 5° de février 1730, à l'issue de la grande messe
paroissiale, étant devant la grande porte et sous le ballet, pardevant nous,
notaire Royaux de la Baronnie de Comquiers, soussignés, furent présents
M° Pierre Trichet, s° de Villeneuve, M° chirurgien-apothiquaire et fabriqueur en charge et Nicolas Rafin, laboureur, son consor, aussy fabriqueur, qui ont convoqué le peuple au son de la cloche, pour délibérer
sur les affaires de la dite paroisse : et de plus ont comparu M° Corbin, curé,
M°° Kelly et Pierre-René Proust, vicaires, M° Pierre Douxami sindic de la
paroisse, noble homme Jean-Baptiste Vigneron, s° de la Charoulière, docteur
en médecine, noble homme Jean Vigneron, s° de la Chauvetrie, avocat et
procureur fiscal de cette baronnie, noble homme Jean Coursaud, s° de la
Grenonnière, avocat et procureur de la charité de cette paroisse, René
Morineau, marchand, Jean Blanconnier, tisserand, Julien Gillon, laboureur,
Pierre Trichereau, laboureur, Jullien Cornevin, meunier, Joseph Guilbaud,
ournalier, Nicolas Groizard, laboureur, Jacques Groiselleau, laboureur,
Jullien Coutanceau, postillon, Louis Chauchot, marchand, Jacques Pontoizeau, laboureur et autres.... auxquels le dit s° fabriqueur a proposé de
céder la maison du légat appartenant à l'église et à la charité du dit lieu, à
elles léguées par feu M° Pierre Mesnardeau, procureur fiscal, en son testament olographo du 20 septembre 1714 et leur ayant été adjugée par sentence de Poitiers en date du 13 juin dernier, en aucun temps transportée à
feu M° Jean-Baptiste Tessier, notaire, qui en a fait cession à la dite fabrique
en date du 24 décembre dernier ; le dit s° Trichet ayant fait annoncer la
vente aux prosnes de douze paroisses, selon la sentence et le testament, il y
avait lieu de céder la maison du légat au dernier enchérisseur, le dit s°
Vigneron a offert 150 livres, mais le s° Dorineau, séneschal, est intervenu

pour s'opposer à la cession et a offert 180 livres, mais n'ayant pu offrir de caution valable, son enchère a été regardée comme frivole et malgré son opposition, la dite maison a été adjugée au dit sieur Vigneron pour le prix de 150 livres de rente foncière, annuelle et perpétuelle.

Controllé et insinué à Challans, le 12 février 1730. Reçu pour controlle 18 livres, 12 sols et pour l'insinuation : 36 livres, signé : Trichet.

Signé : ARCHAMBAUD et DANIAU, notaires.

XCV. — 1730.

Concession d'un banc à Mlle Madelaine Marchais, veuve Gaubert de Vallory.

Par devant nous notaires jurez, soussignez des chastelainie et commanderie de Coudrie et des Habittes, ont comparu Me Patrice Kelly, curé de Challans, y demeurant, et Me Pierre Trichet, s^r de Villeneuve, fabriqueur, d'une part, et demoiselle Madelaine Marchais, veuve de Me Philippe Gaubert de Vallory, demeurant à Challans, d'autre part, lesquels curé et fabriqueur, ont de leur bon grez, cédé à perpétuité à titre de rente foncière et annuelle à la dite Marchais, un banc avec son emplacement et droit de sépulture, situé dans la nef de l'église, sur la gauche venant de la grande porte au chœur, et à côté du second pilier et situé derrière le banc de damoiselle Marguerite Garreau de la Méraudoire, lequel banc fut à Me André Pradet, s^r de Bayonne et resta à l'église faute par les héritiers de payer la rente à la charge par la dite demoiselle Marchais de payer par chacun an, à la feste de saint Michel, la somme de quatre livres de rente foncière, annuelle et perpétuelle. Ce qui a été par les parties consenti et voulu, le 20e jour de décembre 1730.

Signé : VIAUD et J. MIGNÉ, notaires.

XCVI. — 1730

Arrentement de deux journaux de prez de la Viguelière, fait au s^r Joseph Coursaud de Luctière, pour 6 livres par an. M. Chobelet en a donné un titre nouveau sous seing privé, le 25 septembre 1766.

Aujourd'hui, 31e jour du mois de décembre et dimanche dernier dudit mois de l'an 1730, à l'issue de la grande messe de Challans, a comparu, par devant les notaires soussignés de la Baronnie de Comquiers, Me Pierre Trichet, fabriqueur, qui a convoqué les habitans pour consentir que les deux journaux de prez, de Viguelière, communs par indivis avec ceux de la Viguelière, appartenant à noble homme Joseph Coursaud, sʳ de Luctière, fermier de la maison noble de la Motte-Fouquerand et y demeurant, y tenant hors du bour du septentrion qui tient au prez du sʳ de la Chauvière Febvre, dépendant de la métairie des petites Raillères, ruisseau entre deux, soient donné de rente foncière au sʳ de Luctière pour six livres qu'il payera à chaque feste de la chandelour, à perpétuité ; et ont comparu Mʳᵉ Kelly, curé, écuyer François Dorineau, séneschal, Jacques Geùdreau, maitre armurier, sindic de cette paroisse, Etienne et Alexis Lucas, cordonniers, Julien Le Tanneur, Mᵉ chirurgien, François Poucé, huissier royal et autres... qui ont accepté.

Quant à ce fait, consenti et passé sous le ballet de ladite église hors le lieu saint, les jour mois et an que dessus.

Signé : ARCHAMBAUD et LAGARDÈRE, notaire.

Controllé et insinué à Challans, ce 2 janvier 1831. Reçus pour tous droits : 3 livres 5 sols.   Signé : TRICHET.

XCVII. — 1731

Arrentement fait par le sʳ Archambaud, vicaire de Nalliers ses sœurs et beaux-frères, à René Besseau, pour le moulin du Caillou blanc sur lequel il est dû à la fabrique la rente de deux boisseaux de froment.

Pardevant les notaires royaux de la Baronnie de Comquiers à Challans, soussignez, ont été présents Mʳᵉ Claude-François Archambaud, prêtre vicaire de Saint-Hilaire de Nalliers, Jean-Louis Caillon, Mᵉ tanneur, et dame Charlotte Archambaud, son épouse demeurant au bourg de Saint-Cristophe du Ligneron, François Poucé huyssier royal et dame Catherine Archambaud, son épouse, demeurant à la juisière, et Dᵉˡˡᵉ Louise Archambaud, majeure, demeurant au dit bourg de Challans, lesquels héritiers de leurs père, Mᵉ Claude Archambaud, notaire et procureur de cette Baronnie et de dame Catherine Cornevin, leur mère, d'une part, et René Besseau, et Marie-Anne Cornevin sa femme, demeurant audit bourg de Challans d'autre part ; lesquels héritiers Archambaud ont de leur bon gré baillé et baillent audit Besseau acceptant à titre de rente foncière, annuelle et perpétuelle un moulin turquois, appelé le Caillou blanc, sis près ledit Challans, en fief du prieuré, avec son cerne seulement tenant le chemin de la Marchaisière et celui du Bois du Breuil, moyennant le prix et somme de 40, livres, payables à chacun terme de la Toussaint et payera aussi le dit Besseau à chacun terme de Pasque, deux boisseaux de froment à l'église pour le bain bénit distribué en ycelle et 5 sols de cens, dûs par coutume au prieuré dudit lieu.

Quant à ce fait et passé en l'étude de l'un de nous le 8e octobre 1731.

Signé : BLANCHARD et LAGARDÈRE, notaires.

XCVIII. — 1732.

Rente due à la fabrique d'un boisseau de froment.

Aujourd'hui, 27e jour de février 1732, par devant nous nottaires royaux de la baronnie de Comquiers à Challans, soussignez, ont étez présents Jacques et Joseph Morisseau, fariniers, frères germains, demeurant au bourg de Challans, lesquels ont volontairement confessé à Me Alexandre-René Travers, seigneur du Fief, advocat à la cour et fabriqueur en charge, demeurant au Bos du Breuil, tenir une charrye de terre labouraole dans le fief de cette cour, à eux obvenue par le décéds de Jacques Morisseau, farinier, leur père, tenant à la bonne fontaine et au grand chemin qui conduit de la Noue à la Cailletière et du midy à la terre de la fabrique et du septentrion au prez de la veuve Louis Fradet, seigneur de la Fradinière, laquelle dépendait autrefois de la métairie de la Brosse, sur laquelle charrye de terre ils reconnaissent devoir bien justement un boisseau de froment, mesure de cette cour, à la fabrique de ce lieu, par chacun terme de saint Michel.

Quant à ce fait consenti et passé au bourg du dit Challans, les dits jour, mois et an que dessus.

Signé : LAGARDÈRE, notaire.

XCIX. — 1733.

Arrentement fait à Joseph Morisseau de l'ouche de la Casse, et de deux charruyes de terre dans les minées, pour 8 boisseaux de seigle par an.

Aujourd'huy, 20e jour de septembre 1733, le dimanche à l'issue de la grande messe de Challans, dite par Pierre Giraudeau, vicaire de la paroisse, par devant nous nottaires soussignez de la baronnie de Comquiers, à Challans, a comparu Me René Travers, fabriqueur en charge, qui a convoqué les habittants pour consentir, qu'une pièce de terre labourable, appellée l'ouche de la Casse, tenant au grand'chemin de Challans à la fontaine, et au chemin de la Cailletière et au chemin de la Noue, et que deux charruyes de terre, dans le fief des Minées, tenant la terre de Sorin et de la Nouë, soient données à titre de rente foncière, annuelle et perpétuelle, à Joseph Morisseau, farinier, du bourg, pour le prix et nombre de huit *boisseaux de seigle*, mesure de ce lieu, payable par chacun terme de saint Michel ; et ont comparu aussy M⁰ Kelly, curé, Pierre Simon arquebusier, André Bonneau, menuisier, André Laydet iailleur d'habits, Gabriel Bourgeteau, cordonnier, Charles-André Biocheau, Marchand, Honoré Gautier, laboureur, René Guillot, laboureur, Joseph Charon, masson, Pierre Coudriau maréchal-taillandier... et autres, tous faisant la plus saine et majeure partie des habitans de cette paroisse, assemblez en corps politique, au son de la cloche, à la manière accoutumée, lesquels ont consenti pour le *profit* de l'église de Challans, à l'arrentement proposé.

Quant à ce, fait consenti et passé sous le ballet de l'église, hors le lieu saint.

Signé : VIAUD et LAGARDÈRE, nottaires.

Controllé et insinué à Challans ce premier octobre 1733. Reçu pour tous droits 6 livres, 5 sols.

Signé : TRICHET.

C. — 1733.

Arrentement des deux journaux du prez de la grosse planche, en la paroisse de Salartaine, à Jean Renaudin, pour 21 livres par an. Pierre Hégron et Louise Raimbaud, sa femme, en sont propriétaires par acte du 25 janvier 1769, au rapport de Morin, notaire à Salartaine.

Aujourd'hui, 20⁰ jour de septembre 1733, le dimanche, à l'issue de la grande messe dite par M⁰ Pierre Giraudeau, vicaire, par devant nous, notaires royaux soussignez, de la baronnie de Comquiers, à Challans, a comparu M⁰ René Travers, fabriqueur, qui a convoqué les habitants pour consentir que les deux journaux de prez appellé la grosse planche, situé en la paroisse de Salartaine, dépendant de la fabrique de Challans, touchant le prez de l'église de Salartaine, soient donnez à titre de rente foncière, annuelle et perpétuelle, à Jean Renaudin, laboureur, demeurant au Coue, paroisse du Perier, pour la somme de 21 livres, payables par chacun terme de Saint-

Michel ; et ont aussy comparu, M° Kelly, curé.... et autres (les mêmes qu'à l'acte précédent) qui ont accepté l'arrentement proposé.

Quant à ce, fait, consenti et passé, sous le ballet de l'église, hors le lieu saint, les dits jours, mois et an que dessus.

Signé : Viaud et Lagardère, notaires.

Controllé et insinué à Challans, ce 1er octobre 1733. Reçu pour tous droits : 8 livres, 1 sol.

CI. — 1733.

Arrentement au sieur Pierre-Jacob Imbert, de la Choltière, du prez, près les petites Brethelières et des pièces de terre au puits Jacob, pour 12 livres par an. M. Desrue est chargé d'acquitter cette rente, par acte d'assemblée du 6 novembre 1746, au rapport de Trichet, notaire à Challans.

Aujourd'huy, 20° jour de septembre 1733, le dimanche, à l'issue de la grande messe, dite par M° Pierre Giraudeau, vicaire de Notre-Dame de Challans, par devant nous notaires soussignez de la baronnie de Comquiers, au dit Challans, a comparu M° René Travers, fabriqueur, qui a convoqué les habitans, pour consentir que le prez, contenant un journal, proche les petites Brethelières, au quartier du puits Jacob, dépendant de la dite fabrique, tenant au jardin et à la grange des petites Brethelières, au prez du sgr du Mortier et à celui des justices, et autres pièces au même endroit, soient donnez à titre de rente foncière, annuelle et perpétuelle, à M. Pierre-Jacob Imbert, s^r de la Choltière, advocat en la cour de parlement, demeurant au bourg et paroisse de Saint-Nicolas de la Chaume, pour la somme de 12 livres, payables par chacun an, à la feste saint Michel, et ont aussy comparu M° Kelly, curé.... et autres (les mêmes que plus haut) qui ont accepté et consenti le présent arretement, pour le profit de la dite fabrice de Challans.

Quant à ce fait, consenti et passé, sous le ballet de l'église, hors le lieu saint, les dits jour, mois et an que dessus.

Signé : Viaud et Lagardère, notaires.

Controllé et insinué à Challans, ce 1er octobre 1733. Reçu pour tous droits : 4 livres 19 sols.

CII. — 1746

Rente de 50 livres due sur une broderie et une tuilerie du village de la Bloire.

Il est ainsy que Me Vital Lagardère, cy-devant notaire et procureur de la Baronnie de Commequiers lèz Challans, demeurant au bourg dudit Challans, et propriétaire d'une rente fontière, annuelle et perpétuelle de 50 livres, assise et hipotéquée sur une borderie et tuilerie, au village de la Bloire, appartenant au sr Nicolas Ganachaud, fermier, demeurant à la maison noble de la Belle Chaussée, paroisse de Saint-Gervais, qui l'avait acquise de Me Claude Jousbert, écuyer, sgr de Romanguy et de la dame Louise Noyau son épouse ; il est arrivé que le dit sr Lagardère, a été informé que le dit Ganachaud aurait vendu à Me Louis Massé, écuyer, sgr de la Barbelays, certains domaines qui font portion de l'assiette de la dite rente de 50 livres, notamment un pré à fauche, appelé les Renardières, vulgairement aussi le pré de la Gitte, et une pièce de terre plantée de vigne, contenant un journal ou environ, dans le fief du prieuré de Commequiers, le tout situé en ladite paroisse de Challans ; et comme il est de l'intérêt du dit sr de Lagardère de conserver l'assiette de ladite rente, il s'est vu obligé de prévenir le dit sr de la Barbelays qu'il entendait qu'il fut tenu de lui consentir un titre nouveau du dit pré des Renardières et de la dite pièce de Vigne, portant reconnaissance de ladite rente, sauf son recours contre le dit sr Ganachaud, ce qui a été consenti pardevant nous notaires soussignés de la baronnie de Commequiers, par le dit sr de la Barbelays, demeurant en sa maison noble de la Proutière, par ledit sr Ganachaud, fermier, demeurant en la maison noble de la Belle-Chaussée en Saint-Gervais, le 18 octobre 1746.

Signé : Viaud et Taicher, notaires

Controllé et insinué à Challans, le 25 octobre 1746.

Signé : J. J. Bourgetteau, pour le commis qui a reçu les droits.

CIII. — 1747

Rente de 50 livres due à la fabrique et à la charité de ce lieu mais donnée plus tard.

Pardevant nous notaires soussignés de la baronnie de Commequiers et Challans, ont comparu honorable homme Nicolas Ganachaud, marchand, demeurant à la Belle-Chaussée de Saint-Gervais, d'une part et Pierre Dupond, marchand tuilier, demeurant au village de la Bloire, en Challans d'autre part, lequel dit sieur Gonachaud, a donné à titre de rente foncière annuelle et perpétuelle, au dit sr Dupond, acceptant, sçavoir est une maison basse, contenant uue chambre couverte de tuiles où il fait sa demeure, avec logea au bout et deux petits carrés de jardin dont il jouit, avec le droit de cuire au four à tuilles commun dudit village, avec les autres propriétaires dudit lieu, de plus un demi journal de tèrre en lande, appellé le rossis situé près ladite maison, tenant au chemin qui conduit dudit village à Challans, au midy, de l'orient à la terre dudit Lagardère, du couchant à la terre de Jean Pontoizeau et au nord au grand chemin, qui conduit de Challans à Saint-Christophe, et aura aussy le dit Dupond le droit de tirer de la terre dans le communau du dit village, ainsy qu'il a cy devant fait ; le présent arrentement est fait et consenti pour la somme de 36 livres, payable en chacun terme de Saint-Michel, à perpétuité ; a aussy le dit Ganachaud par ces présentes cédé audit Dupond la rente de cinq livres et deux poulettes à lui due par Jacques Simoneau sur un journal de terre appelé les Cabots, situé audit village de la Bloire ; reconnait ledit Dupond que les domaines cydessus désignés font partie de la borderie et tuilerie de la Bloire, sujette à la rente annuelle et perpétuelle de 50 livres, au profit du Sr Lagardère, notaire, qu'il s'engage à payer pour sa part, sauf son recours contre le sr Ganachaud.

Fait et passé à Challans, le 10 septembre 1747.

Signé: Picarcolleron et Trischet, notaires.

CIV. — 1748.

Concession de banc au sr Guillonneau de la Morinière.

Aujourd'huy, 17 novembre 1748, pardevant nous notaires soussignés de la baronnie de Commequiers et Challans, étant au devant de la porte et principale entrée et sous le ballet de l'église paroissiale du dit Challans, à l'issue de la grande messe dite par Me Thomas King, curé, ont comparu le dit curé, Me Philippe Vigneron, seigneur de la Guillotière, procureur fiscal de cette baronnie et fabriqueur en charge, Pierre Simon, sindicq en charge de cette paroisse, le sr Pierre Coursaud de la Coursaudière, Me Louis-Michel Blayneau-Desnoyer, huissier royal, Etienne Argnauld, maréchal taillandier, Antoine Billon, marchand, Jacques Chaillou, aubergiste, Pierre Daniau, sellier, Pierre Girard sellier, Louis et François Cornevin, menuziers-frères, René Blay, laboureur, Jean Gauvrit, Pierre Papon, Jean Roquand, Pierre Archambault, Mathurin Ridolet, Joseph Chauvet, tous laboureurs, et Jean Nicou, journallier, faisant la plus saine et majeure partie des habittans, lesquels ayant considérez que dans la nef de l'église, proche et derrière le

banc du sʳ Picarcolleron Dalleu, et. joignant à ycelluy, il y a un emplacement dans lequel on pourrait y faire placer un banc pour être concédé à
celluy qui fera la condition de l'église meilleure pour le prix être partagé
une moitié à l'église et l'autre moitié au dit sʳ curé; c'est pourquoy le dit
banc a été publié, de la largeur de trois pieds et de la même longueur que
celluy du dit Dalleu et cedié au sʳ Guillonneau, de la Morinière, dernier
enchérisseur pour la somme de quatre livres, à la charge par luy d'y faire
un banc clos et fermé pour luy et les siens et de payer la dite rente par
chascune feste de la Toussaint.

Fait et consenty sous le ballet de l'église, lieu de notre théritoire, avant
midy, les dit jour et an que dessus.

Signé : M. VIAUD et VIAUD, notaires.

Controllé et insinué à Challans, le 19 novembre 1748. Reçu : 36 sols.

Signé CIVEL, commis.

CV. — 1748.

Concession d'un banc à Madeleine Daniau.

Aujourd'huy, 24ᵉ jour de novembre 1748, pardevant nous notaires soussignés... à l'issue de la grande messe dite par Mᵉ Jacques Troussel, vicaire, ont comparu, Mᵉ Vigneron, fabriqueur en charge, Jean Pétit menuzier
Joseph Valot, menuisier, Jacques Musset, boucher, Pierre-Charles Thibaud,
maréchal ferrant, Charles Rigolage, serrurier, Charles Ellie, marchand...
et autres, lesquels, ayant considérez que dans la nef de cette église, derrière
et joignant le banc concédé au sieur de la Morinière Guillonneau, il y a un
emplacement dans lequel on pourrait y faire placer un banc pour être concédé à celluy des habittans qui fera la condition de l'église meilleure, pour
le prix être partagé moitié à l'église et moitié au dit sʳ curé, le dit emplacement ayant été publiée, de 3 pieds de largeur et de même longueur que
celluy dudit Guillonneau, a été adjugé à Anne Madelaine Daniau, fille
majeure, demeurant au Presneau, pour la rente annuelle de 3 livres 10 sols,
à la charge par elle d'y placer un banc clos et fermé, payable ladite rente
par chacun an, au terme de la Toussaint...

Fait, consenty et passé, sous le ballet de ladite église, lieu de notre théri-
toire, ledit jour et an que dessus, avant midy. Signé : ANNE-MADELAINE
DANIAU, CHARLES RIGOLAGE, CHARLES ELLIE, JACQUES MUSSET, E. ARNAUD,
PIERRE GIRARD, GUILLONEAU-MORINIÈRE, et M. VIAUD et VIAUD, notaires.

Controllé et insinué à Challans le 28 novembre 1748. Reçu : 36 sols,
sçavoir ; 24 pour l'insinuation et 12 pour le controlle.

Signé : CIVEL, commis.

CVI. — 1748.

Concession de banc au s^r Blayneau Desnoyer, huissier royal.

Aujourd'huy, 17e jour de décembre 1748, pardevant nous notaires sous-signés... à l'issue de la grande messe, célébrée par Me Thomas King, curé, ont comparu le dit sieur curé, Me Vigneron, fabriqueur en charge, Pierre Simon, sindic de la paroisse, Me Blayneau, s^r Desnoyer, huissier royal, Nicolas Clémenceau, laboureur, Jean Nicou, journallier, le sieur Alexis Guillonneau de la Morinière.... et autres, lesquels ayant considéré que dans la nef de cette église, proche l'entrée de la grande porte et joignant le mur d'ycelle, il y a un emplacement dans lequel on pourrait y faire placer un banc pour être concédé.... les publications ayant été faites, comme ayant quatre pieds et demy de longueur et quatre de largeur, le dit empla-cement a été adjugé au dit s^r Blayneau Desnoyer, dernier enchérisseur, pour la rente annuelle de cinq livres, payable par chaque feste de la Tous-saint, à la charge par eux de faire un banc clos et fermé....

Fait, consenty et passé sous le ballet de l'église, le jour et an que dessus.

Signé : M. VIAUD et VIAUD, notaires.

CVII. — 1750.

Acte de dépôt du testament du sieur Lagardère, notaire.

Aujourd'hui, 13e jour de janvier 1750, avant mi ly, pardevant nous notaires soussignés de la baronnie de Commequiers et Challans, a comparu en sa personne, demoiselle Suzanne Coursaud, veuve de Me Jean Vital de la Gardorre, vivant notaire de cette cour, demeurant au bourg et paroisse de Challans, laquelle a requis Mathurin Viaud, l'un des notaires soussignés, de garder pour minute une pièce originalle du testament et dernière volonté, fait sous seing privé par Me Jean Vital Lagardère, vivant notaire de cette Cour, le 30 août 1742, lequel est controllé et insinué à Challans et qu'elle a entre mains depuis deux jours et qui contient les donations des biens meubles et immeubles portés en iceluy, écrit sur trois pages et demie de papier commun, pour être délivré à qui il appartiendra, lequel est testé entre les mains de moy l'un de nous dites notaires, de tout que la dite de-moiselle Coursaud a requis acte, à elle octroyé,

Fait et passé en la maison et demeure de la dite demoiselle Coursaud, au bourg de Challans, lieu de notre théritoire, le jour et an que devant et a signé avec nous.

Ainsy signé sur la minute des présentes : Suzanne Coursaud, Trichet, notaire et Viaud aussy notaire registrateur.

Controllé à Challans, le 13 janvier 1500. Reçu 12 sols.

Signé : Desrue.

CVIII. — 1750

S'ensuit le testament de Mᵉ Lagardère.

In nomine... Je Jean Vital Lagarderre, nottaire de la baronnie de Commequiers, demeurant au bourg de Challans... ey de mon propre mouvement fait mon présent testament olographe, en la manière qu'il suit :

Premièrement je recommande mon âme à Dieu... Je veux et entends que mon corps soit inhumé dans l'église de Challans, où est inhumé le corps de feue Jacquette Barbe Bonnin, ma seconde femme ; et que le jour de mon enterrement ou le lendemain il soit chanté trois grandes messes de *Requiem*, à mon intention, à celle de ma ditte seconde femme et à celle de Marie Tougeron, ma première femme, autres trois messes à la huitaine et autres trois messes au bout de l'an et chaque jour que ces messes seront chantées je veux qu'il soit donné aux pauvres de Challans trois boisseaux de bled en pain ; en outre je veux qu'il soit chanté à perpétuité, six messes devant l'hôtel de Rozaire, à mon intention, autre six messes pour ma première femme et autres six messes pour ma seconde femme, devant l'hôtel du Rozaire, sçavoir trois messes le lendemain de l'Annonciation de la Vierge Marie, trois autres messes le lendemain de la Visitation qui est en juillet, trois messes le lendemain de l'Assomption, trois autres messes le lendemain de la Nativité, trois autres messes le lendemain de la Conception de la Bienheureuse Mère de Dieu, et autres trois messes le lendemain de la Purification lesquelles dix huit messes seront dites à mon intention et à celle de mes défuntes femmes et ne pourront être renvoyées de plus de la huitaine, à moins de raison légitime et dans ce cas les habitans seront prévenus au prosne et invités à y assister ; je veux et entends, pour la rétribution des dites messes, il soit payé, chacun an au terme de Noël, la rente foncière de 50 livres à moy due par Nicolas Ganachaud, sise sur sa borderie et tuillerie de la Bloire, la somme de 36 livres pour les messes et le restant, soit 14 livres au procureur de la charité de ce lieu de Challans ; et ay signé de ma main, à Challans, lieu de ma demeure, le 30 aoust 1742.

Signé : Lagarderre.

Controllé à Challans le 13 janvier 1750. Reçu 12 livres et insinué le dit jour la donation des meubles. Reçu : 21 livres, 12 sols ; et 53 livres, 5 sols, 7 deniers, pour la donation des immeubles situés seulement dans les paroisses de Challans, Soullans et Commequiers renvoyé au bureau de Saint-Gilles et Croix de vie pour le reste.

Signé : M. Viaud et Trichet, notaires.

CIX. — 1753.

Arrentement des trois journaux du pré des Viollettes, en Sallertaine, à Maurice Menuet.

Aujourd'huy, 18e jour de mars 1753, pardevant nous notaires soussignés à l'issue de la grande messe paroissiale de Challans dite par Me François Houlot, curé de ce lieu, ont comparu le dit curé, Me Nicolas Picarcolleron, notaire et fabriqueur en charge, le Sr Charles Fradet, Me chirurgien, le Sr Jacques Berthelot, Julien Simonneau, charron, Charles Favreau, marchand, Guillaume Boisard, meunier, Nicolas Morisseau, meunier... et autres, lesquels déclarent qu'ils exposent à l'enchère, à titre de rente foncière, annuelle et perpétuelle, trois journeaux de prez ou environ, en les deux estiers, paroisse de Sallertaine, appellé les Viollettes, joignant au midy la chaussée de Gastebouze ; ils ont à cet effet fait proclamer les dits trois journaux à haute intelligible voix, par l'organne de Martin Bernard, journallier, demeurant en ce bourg et Maurice Menuet, laboureur au Grand Mouton de Sallertaine, ayant mis la dernière enchère, a été accepté comme preneur pour la somme de 22 livres qu'il s'engage à payer à ladite fabrice par chacun an, à la feste de Saint-Michel, Alexandre Béthus, marchand et cabaretier du dit bourg de Challans, se rendant caution pour ledit acquéreur,

Quant à ce fait, consenty et passé, sous le Ballet de la dite églize de Challans, lieu de notre territoire, les dits jour et an que dessus.

Signé : M. Viaud et Viaud, notaires.

CX. — 1753.

Titre nouveau pour les rentes sur le village de la Bloire.

Par devant nous notaires soussignés de la baronnie de Commequier et Challans, a comparu honorable homme Jacques Ganacheau, marchand fermier, demeurant à la Belle-Chaussée de Saint-Gervais, faisant tant pour

luy que pour ses frères et sœurs, héritiers de feu M⁰ Nicolas Ganacheau, leur
père, lequel a volontairement reconnu devoir annuellement à l'églize de
Challans et à la charité de la dite paroisse. Sçavoir est de rente foncière,
annuelle et perpétuelle de 50 livres, à elles léguées par M⁰ Vital Lagardère,
sçavoir 36 livres à la dite églize et les 14 livres restantes à la dite charité,
affecté sur la borderie et tuilerie de la Bloire, en différents fiefs, passé le dit
acte d'arrentement entre les dits feux Lagardère et Ganacheau, le 25 may
1723 et s'engage le dit Jacques Ganacheau à continuer la dite rente.

Le 24 décembre 1753.

Signé : Fillon et Viaud, notaires.

CXI. — 1754.

Entretien de l'horloge.

Aujourd'huy dimanche 22 décembre 1754, par devant nous notaires royaux
soussignés de la baronnie de Commequiers de Challans, à l'issue de la
grande messe dite par M⁰ Roger Caffié, vicaire, ont comparu M⁰ Houlot,
curé, M⁰ Nicolas Picarcolleron notaire et fabriqueur en charge, M⁰ Pierre
Nicodème Boucard, avocat au parlement de Paris et sénéchal de cette baronnie, François Laidet, maréchal ferrant et syndic en charge, M⁰ François
Fillon, notaire et procureur, Antoine Renou, maréchal ferrant, Gabriel Giraudet chapellier, Joseph Aury marchand, Jean Pontoizeau, tisserand... et
autres en laquelle assemblée lequel fabriqueur a remontré que l'horloge de
cette églize ayant été depuis quelque temps dérangée, il se serait présenté à
une précédente assemblée, sur sa remontrance Etienne Arnoud, maréchal
de ce bourg, entendu aux horloges, quy se serait offert de la racommander et
comme en effet il y a réussi et qu'il demande pour les réparations la somme
de 56 livres suivant le mémoire qu'il représente et qu'il convient de lui
fixer une somme par an pour l'entretien de la dite horloge, s'y utile et nécessaire en cette paroisse sur quoy, le dit fabriqueur demande l'avis et consentement des habitants ; le dit Armand dit qu'il a été obligé de démonter
l'horloge et de la transporter chez lui pour lui faire une roue et bien autres
choses nécessaires, qu'après l'ayant remontée à sa place ordinaire, il est
notoire qu'il a bien réussy à la faire aller et sonner à toutes les heures
convenables suivant le cours du soleil, que pour cet effet il lui est dû la
somme de 56 livres et il s'offre de l'entretenir et en avoir soin tout le temps
qu'il sera sédentaire en cette paroisse et que s'il lui arrivait de ne pas
réussir, il promet de faire faire les réparations à ses frais et pour cela il

requiert la rente annuelle de 20 livres payable à la Toussaint ; et les habitans sont unanimement d'avis d'accepter l'offre du dit Arnaud...

Fait et passé, sous le ballet de la dite églize, lieu de notre théritoire, les dits jour et an que dessus.

Signé : Petitteau et Viaud, notaires.

Controllé à Challans, le 23 décembre 1751. Reçu : 12 sols.

Signé : Civel.

CXII. — 1754.

Traitement du chantre et du régent de Challans.

Nous soussignés curé et principaux habittants de la paroisse de Notre-Dame de Challans, diocèse de Luçon, en Bas-Poitou, sommes Convénus avec Jean Bonamy de ce qui suit :

Sçavoir est que nous avons reçu et agréé pour chantre et régent dans cette paroisse de Challans ledit Bonamy, toutes fois sous le bon plaisir de Monseigneur l'evesque de ce diocèse, et en atendant son aprobation à ce sujet, prometons qu'il sera payé audit sieur Bonamy par la fabrique de cette église la somme de cent livres par an ; et par le procureur du Rozaire la somme de dix livres par an payable à l'échéance de chaque quartier ; de plus aura la rétribution ordinaire des régents dans cette paroisse pour les enterremen's et services que font faire messieurs les habittants ; qu'il lui sera permis de faire Glaine tant en blé qu'autrement en cette paroisse au tems et à la manière que les autres régents et chantres avaient coutume de la faire ; et qu'il luy sera payé par chacun de ses écoliers enfants de cette paroisse seullement par chaque mois la rétribution scolaire suivante, sçavoir par chaque enfant qui sera à l'A. B. C. la somme de sept sols ; par les enfants qui seront au psautier la somme de (huit) sols ; ceux qui liront en français et en latin la somme de dix sols ; por ceux qui aprendront à lire et écrire la somme de quatorze sols ; et pour ceux qui aprendront à lire et écrire et l'arithmetique, la somme de vingt sols ; et quand aux écoliers hors de la paroisse, ledit sieur Bonamy fera sa condition ainsy qu'il le jugera à propos ; à la charge par ledit sieur Bonamy d'observer exactement les ordonnances et règlements faits par mondit seigneur l'évèque, au sujet des chantres et régents ; d'assister exactement et chanter aux offices, grandes messes, vespres, processions, tant de fondation que des confrairies du Rozaire, St-Sacrement etc... Qu'on a accoutumé de chanter en la ditte église et paroisse ; à la charge qu'il enseignera par charité six pauvres écoliers qui luy seront nommés par Monsieur le curé de cette paroisse et qu'il tiendra son écolle au moins deux heures le matin et deux heures le soir ; c'est de quoy nous sommes convenus de part et d'autres.

Fait double sous nos seings, dans l'assemblée tenue dans l'endroit des assemblées par nous à l'issue de la grande messe paroissialle de cette paroisse de Challans, ce jourd'huy 24ᵉ mars 1754 et reconnaissons qu'il a comencé le 25 décembre dernier.

> Signé : Jacques MOSSET, André LAIDET, Pierre DANIAU, Mathurin DANIAU, Gabriel GIRAUDET, Mathurin GAUTIER, François LAIDET, E. ARNAUD, AURY, François GRONDIN, René MORINEAU, L. SORIN, BOURGETEAU, JOUBERT, Charles RIGOLAGE, Jean PETIT, DEGOUNOR, PICARCOLLERON, fabriqueur, THALLONNEAU, HOULOT, curé de Challans.

CXIII. — 1757

Rente annuelle de 85 livres consentie par les sieurs Vigneron de la Guillotière et Thallonneau, au profit de l'église.

Pardevant les nottaires royaux de la Baronnie de Commcquiers et Challans, soussignés, furent présents Mᵉ Jean-Baptiste Vigneron, sieur de la Guilotière, bourgeois, au nom et comme unique héritier de feu Mᵉ Philippe Vigneron, procureur fiscal de cette Baronnie, son père, demeurant au bourg de Challans, d'une part, et Mⁿ Nicolas Picarcolleron, sieur Dallus, notaire et fabriqueur en exercice de cette églize de Challans, d'autre part ; lesquels Vigneron et Thallonneau, comme possesseurs en partie des domaines dépendant de la succession de feue demoiselle Catherine Garreau dela Mérandoire, et notamment ledit Thallonneau de la métairie de la Ductière, en Soullans, comme les ayant acquis, à titre de rente foncière des sieurs Jean-François et Henry Degounor, frères, Jacques Grellier, tant pour luy que pour Elizabeth Daniau, sa femme et Jean Cultien, tint pour luy que pour Anne Daniau, sa femme..... reconnaissent par ces présentes être débiteurs de la rente foncière ; annuelle et perpétuelle et non amortissable, dela somme de 85 livres sçavoir ledit sieur de la Guillotière de la somme de 30 livres et le dit Thallonneau, de celle de 55 livres, envers l'églize de Challans, la dite rente créée par le testament de la dite feue demoiselle Garreau de la Mérandoire, du 27 février 1744, que les dits Vigneron et Thallonneau s'engagent à payer à la dite fabrique, à chaque terme du prémier mois et solidairement.

Fait et passé, le 18 janvier 1757.

> Signé : VIAUD et FILLON, notaire.

CXIV. — 1745-1757.

Règlement de la fondation dont il est question dans l'acte précédent pour la rente de 85 livres.

Nous vicaire général de Mgr l'Ilustrissime et révérendissime évêque de Luçon, sur ce qui nous a été représenté que Mlle de la Mérandoire, Garreau, aurait fondé par son testament en date du 27 février 1744, la première messe chantée les second, troisième et quatrième dimanches de chaque mois, demandant l'exposition du Très Saint-Sacrement, le 3e dimanche pour quoi elle avait légué à perpétuité la somme de 85 livres de rente annuelle à la fabrique de Challans, ne jugeant pas à propos que les premières messes des dits dimanches soient chantées, afin de ne point interrompre le service paroissial non plus que l'exposition du Très Saint Sacrement le troisième dimanche, avons ainsy statué la disposition de la dite fondation, sçavoir que les fabriqueurs en charge donneront annuellement au curé de Challans la somme de 54 livres pour l'honoraire de 36 messes chantées, nous indiquons pour cet effet les jeudy de la 2e 3e et 4e semaine de chaque mois, où il y a déjà exposition du Très Saint-Sacrement pour entrer dans l'esprit de la fondatrisse, par rapport aux douze messes où elle demande exposition du Saint-Sacrement : et pour favoriser les vicaires du dit Challans, le curé sera tenu d'en faire acquitter 18 par les vicaires aux quels il donnera 14 livres annuellement ; quant au surplus de la fondation qui est 31 livres, il restera à la fabrique, au moyen de quoy avons approuvé et ratifié la dite fondation et ordonné qu'elle sera ainsy, exécutée ; les messes seront acquittées par le curé et les vicaires conformément à ce qui est dessus mentionné, les jours non empeschés. Ce présent règlement sera mis dans le coffre de la fabrique avec une vidimée du dit testament ; il a été mis au trésor de l'évêché, copie du testament et copie du présent règlement.

A Luçon, le 26 octobre 1745.

Signé : des Dorides, vicaire général.

CXV. — 1760.

Rente foncière d'un boisseau de froment due à l'église par Gabrielle Guillonneau.

Pardovant les nottaires Royaux de la Baronnie de Commequiers et Challans, soussignés, furont présents Me Henry Degounor, nottaire et greffier de cette Baronnie, principal marguillier de l'église de Challans d'une part et

Gabrielle Guillonneau, fille majeure et héritière de Anne Laidet, sa mère, demeurant à la Borderie de la Cailletière, d'autre part ; laquelle se reconnaît débitrice envers la dite église, de la rente foncière, annuelle et perpétuelle d'un boisseau de froment, mesure de cette Baronnie, en chacun terme de Saint-Michel, affectée sur une charrie de terre labourable à elle appartetenant, sise en fief Ratonneau, proche le bourg de Challans, tenant à la terre du sieur Vigneron de la Guillotière, à cause de sa borderie de la petite Juisière et vers le midy au grand chemin qui conduit des Halles de ce lieu à Pontabert ; fait et passé au bourg dudit Challans, en la demeure du dit sieur Degounor, après-midy, le 27 avril 1760.

Signé : Picarcolleron et Fillon, notaires.

Controllé à Challans le 2 may 1760. Reçu une livre, 5 sols.

Signé : Desrob.

CXVI. — 1766.

Nouveau titre de la rente annuelle de 150 livres due par le sieur Vigneron, de la Guillotière.

Aujourd'huy, 12e jour du mois de février 1766, par devant les nottaires de la Baronnie de Commequiers lez Challans, soussignés, fut présent noble homme Jean-Baptiste Vigneron, sieur de la Guillotière, héritier unique de feu Me Phillippa Vigneron, son père, qui était héritier pour un tiers de feu Me Jean-Baptiste Vigneron, sieur de la Charoullière, docteur en médecine, son frère Germain, lequel Vigneron se reconnaît seul débiteur envers l'église de Challans et la charité de ce dit lieu de la rente, foncière, annuelle et perpétuelle de 150 livres, due à chaque feste de Saint-Michel, et affectée sur la maison du légat, où il fait sa demeure, léguée par feu Pierre Mesnardeau, et tenant de l'orient aux maison et jardin des enfans Grondin François, de l'Occident à la maison et jardin d'Anne Cougnaud, veuve de Jacques Musset, du septentrion à la grande rue qui conduit de la chapelle de Saint-Symphorien aux halles de ce lieu et du midy à la route qui conduit de la dite chapelle à l'église dudit lieu ; lequel Vigneron s'engage à continuer le payement de la dite rente, sçavoir 120 livres à l'église, et trente livres à la Charité, de cette paroisse. Consenty, fait et passé au bourg de Challans, étude de Degounor, l'un de nous, les jour, mois et an que dessus.

Signé : Fillon et Degounor, notaires.

Controllé à Challans le 17 février 1766. Reçu : 20 livres, 3 sols.

Signé : Fillon.

CXVII. — 1766.

Titre nouveau d'une rente foncière d'un boisseau de froment
due à l'église par le s^r Lefebvre de la Chauvière.

Par devant les nottaires de la baronnie de Commequiers lez Challans, soussignés, fut présent Me Jean-François-Louis Lefebvre, s^r de la Chauvière, avocat au parlement, demeurant au bourg de Challans, au nom et comme unique héritier de feu Me François Lefebvre, s^r de la Chauvière et de dame Thérèze Fleury, ses père et mère, qui étaient aux droits des sieurs Fradet, lequel se reconnait seul débiteur envers l'églize de ce lieu, de la rente foncière, annuelle et perpétuelle, d'un boisseau de froment, mesure de cette baronnie, due en chacun terme de St-Michel, affectée spéciallement sur trois boisselées de terre labourable, situé au tènement appelé derrière les champs, proche ce bourg, tenant le chemin qui conduit de la chapelle de la Belle-Croix à l'église de ce lieu, au septentrion, au midy au pré de la métairie du Bois Soleil, route entre deux, à l'orient, à la terre du s^r Vigneron de la Guillotière et à l'occident à la terre de la demoiselle Coursaud, veuve Trichet de Villeneuve, leguée à l'église par Jeanne Durand, épouse de Charles Dodin, à la charge d'une messe de *Requiem* par chacun an, laquelle rente ledit sieur Lefebvre s'engage de continuer à payer.

Fait et passé au bourg de Challans, en la demeure dudit Lefebvre, dans la partie qui est de notre territoire, le 24 avril 1766.

Signé : DRAON et FILLON, notaires.

CXVIII. — 1766

Rente foncière d'un boisseau de froment due à l'église par
M. de la Guillotière, Pierre Morisseau et autres.

Pardevant les nottaires de la baronnie de Commequiers et Challans, furent présents Me Jean-Baptiste Vigneron, sieur de la Guillotière, bourgeois, au nom et comme acquéreur et étant aux droits de Sébastien Brochard, sabotier et de Catherine Morisseau, sa femme, héritière pour la 5e partie de feu Joseph Morisseau, son père, Pierre Morisseau, meunier, tant en son privé que comme acquéreur et étant aux droits de Joseph, Jean et Jeanne Morisseau, ses frère et sœur... d'une part et Me Pierre Viaud nottaire et procureur de cette cour, principal fabriqueur en charge, d'autre

part, lequel fabriqueur demande que Pierre Mousseau reconnaisse, comme
l'a fait feu son père, les droits de l'église pour une rente foncière, annuelle
et perpétuelle, d'un boisseau de froment due en chaque terme de la St-
Michel, depuis le 27 février 1732 ; lequel Pierre Mousseau et toutes les
autres parties y consentent solidairement, promet désormais de payer ladite
rente, ainsy que les arrérages do 35 années, évalués à la somme totale de
144 livres 6 sols.

Le 12 décembre 1766.

CXIX. — 1767

Compte d'un fabriqueur.

Aujourd'hui, 26ᵉ jour de février 1767, en vertu de la commission à nous
adressé par Mgr Claude Antoine François Jacquemet Gaultier, évêque et
baron de Luçon, en date du 6 du présent mois, signé : Ant. Fr. évêque de
Luçon et plus bas : par Mgr Bouhier, chanoine secrétaire, pour procéder à
l'examen des comptes de la fabrique de Notre-Dame de Challans, les clore
et arrêter, la ditte commission, lue et publiée au prône de la messe paroissiale du dit lieu, le dimanche 22 du présent, par M. le curé de cette paroisse, après avoir convoqué les habitantts au son de la cloche à la manière
accoutumée. Nous avons en la présence des soussignés, examiné le présent
compte ; nous avons trouvé que la recette du sieur Viaud, procureur et
fabricien en charge, rendant compte pour les deux années de sa gestion
1765-1766, et même jusqu'à ce jour, se monte à la somme de 4074 livres,
12 sols, 5 deniers, sauf erreur de jet, calcul et omission, et la mise dont
nous avons alloué les articles en marge, à la somme de 3452 livres, 6 sols,
3 deniers, aussi sauf erreur de jet, de calcul et d'omission, portant le dit
sieur Viaud se trouve devoir à la fabrice la somme de 622 livres, 6 sols,
2 deniers, qu'il a tout présentement réalisé... et nous avons donné acte au
dit rendant qu'il a remis son compte et les pièces au soutien, entre les
mains de M. le curé, qui les a porté au trésor, ainsi que le compte de
M. Coursaud du Landa, desquels comptes les dits rendant demeurent bien
et valablement quittes et déchargés. Fait clos et arrêté en la maison presby-
térale, du dit Challans, les jour et an que dessus.

Signé : De Grateloup, curé de Notre-Dame de Rié et commissaire,
Torterau, curé de Challans, Joubert, procureur fiscal, Viaud et
Picarcollebron, notaires.

CXX. — 1767

Rente foncière de 8 livres consentie par M. Imbert de la Terrière, au profit de l'église de Challans.

Pardevant les nottaires de la baronnie de Commequiers et Challans soussignés, fut présent écuyez, Benjamin Imbert, sieur de la Terrière, gendarme de la garde ordinaire du Roy, demeurant en sa maison du Bois de Breuil, près ce bourg, lequel au nom et comme héritier de feu M. Pierre Jacob Imbert, sʳ de la Choltière, conseiller du roy et son procureur au siège royal des traites des Sables d'Ollonne, son oncle, se reconnait légitime débiteur envers l'église de cette paroisse de la rente foncière, annuelle et perpétuelle de la somme de 8 livres, en chaque feste de Saint-Michel, affectée spéciallement sur deux journaux de prez, appellé le Champ de buzin, proche et au-dessus le village des Halles, sis en fief des Brethellières, laquelle rente il s'engage à payer fidèlement.

Quant à ce consenty, voulu et fait, en l'étude de Mᵉ Fillon, notaire, le 27 février 1767.

Signé : DRAON et FILLON, notaires.

CXXI. — 1767

Enthérinement du testament de Joseph Aury, au profit de l'église et des pauvres de Challans, et saisie des biens de ses héritiers.

L'an 1767, et le 14ᵉ jour d'avril à la requeste de Mᵉ François Tortereau, curé de Challans, au nom et exécuteur testamentaire de feu Joseph Aury, marchand fermier, Jay à Gabrielle Guillonneau, veuve du dit Joseph Aury, demeurant en ce bourg de Challans, signifié et donné copie au long du rapport de commandement fait en vertu de la sentence rendue, au profit du dit requérant, au siège présidial de Poitiers, contre Jean Caffin et hautres héritiers du dit Aury, leur père, beau-père et aïeul, et afin que la dite Guillonneau n'en ignore, ay déclaré et déclare que les dits héritier doivent au dit Réquérant, la somme de mille livres, pour être employée à remplir les charges portées par le testament qui est enthériné par la dite sentence ; je saissis et arrête entre ses mains, touttes et chacune les sommes de deniers qu'elle doit ou devra, jusqu'à concurrence de la somme sus dite, faisant deffense de s'en dessaisir, à peine par elle de payer deux fois et de répondre des causes de la présente saisie....

Fait par moy Joseph Robreteau, sergent soussigné de la Baronnie de
Commequiers lès Challans, y reçu et immatriculé, demeurant au bourg et
paroisse de Saint-Christophe du ligneron délaissé mon présent rapport avec
copie par commandement, au domicile de la dite Guillonneau, veuve Aury,
et parlant à sa personne, les dits jour, mois et an que devant.

Signé ROBRETEAU, sergent.

Controllé à Challans, le 16 avril 1767. Reçu 14 sols, 6 deniers.

Signé : GUINOT.

CXXII. — 1767-1766.

*Testament du sieur Joseph Aury, donnant mille livres à
l'église et aux pauvres de Challans.*

In nomine.... Je Joseph Aury, marchand fermier, demeurant au bourg
de Challans, âgé de 66 ans... ay requis en ma demeure les sieur Pierre
Viaud et Nicolas Picarcolleron, notaires, auxquels j'ai dit mon testament et
dernière volonté. Premièrement je recommande mon âme à Dieu et je veux
que le jour de mon enterrement, il soit donné en espèce, le nombre de six
boisseaux de bled meslé, de ce lieu, aux six pauvres qui porteront mon corps
en terre, dans le cimetière de ce lieu et aussy six autres pareils boisseaux
de bled en pains qui seront distribués ce même jour où le lendemain aux
pauvres de ce lieu ; plus, je veux et ordonne qu'il soit payé et mis entre
les mains de M. le curé de cette paroisse, dans la huitaine de mon décès, la
somme de mille livres, sur laquelle il payera mes frais funéraires et ceux
de 4 services que j'ordonne être faits dans cette église ; et de plus pour
parfaire la dite somme de mille livres, je prie M. le curé de dire ou faire dire
une messe par semaine dans la dite année de mon décès, d'acheter une
bannière pour le service de la dite paroisse qui en a un pressant besoin et
d'acheter aussi des vêtement pour les pauvres de ce lieu ; je donne à Fran
çoise Redois ma servante la somme de 60 livres pour deux années de ses
gages et le lit dans lequel elle couche. Je nomme M. Tortereau, curé, mon-
exécuteur testamentaire... Fait et passé dans la maison du dit Aury le 13 du
mois de may 1766.　　　Signé : VIAUD et PICARCOLLERON, notaires.

CXXIII. — 1767.

*Titre nouveau de deux rentes foncières, l'une d'un boisseau de
froment, l'autre d'un demi-boisseau de seigle, consenty par
Alexis Lucas, au profit de l'églize.*

Par devant les nottaires de la Baronnie de Commequiers et Challans,
soussignés, fut présent Alexis Lucas, marchand voiturier et cabaretier de-

meurant au bourg de Challans, au nom et comme cessionnaire de M° Léonard Hardouin Allard cy-devant brigadier dans les fermes du Roy et de demoiselle Catherine Simon, son épouse, lequel dit Lucas se reconnaît légitime débiteur envers l'église de ce lieu, de deux rentes foncières, annuelles, perpétuelles, irrévocables, inexposables, et non amortissables, l'une d'un boisseau de froment, l'autre d'un demy boisseau de seigle, mesure de Challans, payables à chaque terme de Saint-Michel, affectées, sçavoir celle du boisseau de froment sur deux boisselées de terre labourable situées en fief Ratonneau, et celle du demy-boisseau de seigle sur une autre boisselée, située dans le même fief, lesquelles rentes le dit Lucas s'engage de continuer de payer.

Fait et passé en ce bourg de Challans, en l'étude de M° Fillon, l'un de nous, le 22° jour d'aoust 1767.

Signé : Decouxor et Fillon, notaires,

CXXIV. — 1769-1775.

Bail des terres de l'église pour six années

Aujourd'huy, dimanche, 9° jour du mois d'avril 1769, pardevant les notaires de la Baronnie de Commequiers et Challans, soussignés étant au parquet et auditoire de cette ville, où nous nous sommes rendus avec le public, après le son de la cloche, à l'issue de la grande messe paroissiale dite par M° Léon Pallardy, premier vicaire de cette paroisse, a comparu M° Pierre Viaud, l'aisné, notaire et procureur de cette Baronnie, au nom et comme fabriqueur seul et comptable de cette église, lequel a déclaré qu'il y avait lieu de remettre à l'adjudication pour six années finissant en 1775 les terres appartenant à la dite fabrique, selon la publication qui en a été faite aux prônes de Challans, de Soullans, du Périer et de Sallertaine, à la charge par les adjudicataires de payer leur ferme à chaque terme de Saint-Michel et de fournir caution ; les criées ont été faites à haute et intelligible voix par Pierre Pinson, sacristain de ce lieu.

1° Trois quarts de pré, à présent convertis en terre labourable, en la paroisse de Soulans, appele les Rebras adjugé pour 9 livres à Jean Grué, demeurant à la Bourine, près ledit Marlau de Soullans.

2° Une ouche renfermée, près la chapelle de la Belle-Croix, contenant un demi journal, avec une charye de terre labourable proche le marché de la Voye, appelée la cherruye du Porteau. — Adjugé à Sébastien Paroissien, thuillier à la Ploire, pour 4 boisseaux et demi de seigle.

3° Deux charuyes de terre labourables en deux places, au fief des Dablières en cette paroisse — adjugé à Louis Benesteau, laboureur demeurant à la Noue, qui a présenté pour caution Mathurin Guillot, boucher demeurant à la Petite-Grenonnière — pour deux boisseaux de seigle.

4° Deux charuyes de terre labourable au fief Fournier, avec une charuye labourable au fief Moreau, adjugé à René Massonneau, laboureur au fief Moreau, adjugé à René Massonneau, laboureur demeurant au fief Fournier, qui a présenté pour caution André Papon, laboureur aux Villattes, — pour 7 boisseaux de seigle et un demi quartaud.

5° Deux boisselées de terre labourable au fief des Allaires et deux autres boisselées au fief de la Verrie, tènement de la tapisserie, avec les deux tiers d'une charuye en deux pièces audit fief de la Verrie et une boisselée et demie en champ clos, sis au même fief, dépendant de la chapelle de St-Eutrope réunie à la fabrique — adjugé à François Chaillou, cordier, demeurant au village de la Morinière, qui a donné pour caution André Papon, laboureur des Villattes, — pour neuf boisseaux de seigle :

6° Deux charuyes de terre labourable, au fief de la Croix, en trois pièces et une boisselée et demie en deux pièces, au fief de la Verrie — adjugé à André Papon, laboureur aux Villattes, qui a donné pour caution René Massonneau, laboureur au fief Fournier, — pour six boisseaux de seigle ;

7° Deux charuyes de terre labourable au fief des Bloires — adjugé à Mathurin Guillot, boucher de la Petite-Grenonnière, pour 5 boisseaux et un quartaud de seigle ;

8° Deux boisselées de terre labourable en deux pièces, proche la rive de Soulans, tènement des Longeais et fief des Grimaudières et Tardières — adjugé à Louis Robin, journallier, demeurant au Ruisseau, de Soulans, pour 45 sols ;

9° Une charuye de terre labourable, au fief de Lerceau et une autre au fief Malécot, en cette paroisse, adjugé à Jacques Bocquier, journalier demeurant à Lerceau, qui a donné pour caution Jean Nicolleau, journalier, de la Petite-Terrière — pour deux boisseaux trois quartauds de seigle ;

10° Trois quarts de charuye de terre labourable au fief des Morandières, près les Bouchauds, en Sallertaine — adjugé à Etienne Coutanceau journalier, demeurant à petit Bel-Air, même paroisse, qui a donné pour caution Louis Rousse boucher au bourg de Challans — pour 9 livres ;

11° Une pièce de terre labourable appelé les Aigeonnais, contenant un journal, proche les Raslières — adjugé à Pierre Dupont tuillier, de la Poctière, qui a donné pour caution Mathurin Martin, aussy tuillier, de la Bloire, — pour 2 boisseaux 1/2 de seigle ;

12° Trois charuyes de terre labourable au fief de Challans, avec une boisselée au fief des Echardières, en cette paroisse — adjugé à Jacques Hervé, labourcur, demeurant au Temple qui a donné pour caution le même André Papon, des Villattes pour 9 boisseaux 1/4 de seigle.

Le total revient donc à 25 livres 5 sols et à 49 boisseaux 1/2 de seigle, le tout par chacun an.

Fait, clos et arresté ces présentes, étant dans le parquet et auditoire de cette baronnie, audit bourg de Challans, le 9e jour d'avril 1769.

Signé : Degounor et Fillon. notaires.

Controllé à Challans le 10 avril 1769. Reçu : 3 livres 18 sols.

Signé : Fillon.

CXXV. — 1774

Titre nouveau de la rente foncière de 8 boisseaux de seigle, due à l'églize par Pierre Morisseau.

Pardevant les nottaires de la baronnie de Commequiers et Challans soussignés, fut présent Pierre Morisseau, marchand meunier, demeurant en ce bourg de Challans lequel comme héritier de feu Joseph Morisseau son père et de Jeanne Gauvrit et comme cessionnaire des droits de ses frères et sœurs, se reconnaît légitime débiteur envers l'églize de ce lieu de la rente foncière annuelle et perpétuelle et nom exposable, de huit boisseaux de bled seigle, mesure de Challans, affectée spéciallement sur l'Ouche de la Casse contenant deux charruyes, actuellement en pré, situé près et audevant le Petit-Moulin de la Bonne-Fontaine et sur deux charuies de terre labourable, au fief des Minées, à peu de distance de la dite Ouche de la Casse, laquelle rente créée par feu son père et consentie par le sieur curé et les habitans, le 20 septembre 1733, qu'il promet payer à l'avenir comme devant en chacune feste de Saint-Michel arquange.

Fait et passé au bourg de Challans, en la demeure de l'un de nous, la 22 décembre 1774.

Signé : Petiteau et Fillon, notaires.

CXXVI. — 1775

Bail des terres de l'église.

Aujourd'huy, dimanche, 12 mars 1775, heure de midy, pardevant les notaires... étant au parquet et auditoire de Challans... à l'issue de la grande messe dite par Me de Caqueray, vicaire général du diocèse d'Angers et abbé commandataire de l'abbaye royale de l'Isle Chauvet, a comparu, Me Pierre Viaud, notaire et procureur, fabriqueur ; qui a déclaré qu'après les publications accoutumées, il y avait lieu de faire un nouveau bail pour les terres de l'église, à charge par les adjudicataires d'en jouir en bons pères de famille, d'en payer la ferme à chaque feste de Saint-Michel, d'en acquitter les droits féodaux et seigneuriaux de cens et de terrage, ainsy que les frais des adjudications à raison d'un sou par livre et de trois sous par boisseaux de bled ; les criées sont faites à haute et intelligible voix par ¡Pierre Amérand, l'un des sacristains et le bail sera valable pour six années finissant en 1781.

1° Trois quarts de pré, à présent en terre labourable, nommé les Rebras, en Soullans, adjugé à Jean Grué, laboureur, demeurant à la Bourinne, pour 24 livres, 15 sols.

2° Une ouche renfermée, près la Chapelle de la Belle-Croix, avec la charruye de la Petite-Voye, — adjugé à Pierre Pontoizeau, tuillier à la Bloire, qui a donné pour caution Pierre Dupont, bordier, de la Poctière, pour 5 boisseaux de seigle.

3° Deux charruyes de terre labourable au fief Fournier, avec une autre, en deux morceaux au fief Bottreau, — adjugé à René Massonneau, laboureur du fief Fournier, qui a donné pour caution René Archambaud, laboureur, demeurant aux Grandes-Noues, pour 4 boisseaux de seigle.

4° Deux boisselées de terre labourable au fief des Allaires, et deux autres au fief de la Verrerie, avec les deux tiers d'une charruye, au même fief, dépendant de Saint-Eutrope, aujourd'hui réuni à l'église — adjugé à François Chaillou, bordier, de la Morinière, qui a donné pour caution Pierre Papon, laboureur des Villettes, — pour 9 boisseaux de seigle.

5° Deux charruye de terre labourable au fief de la Croix, et une boisselée au fief de la Verrie — adjugés à Pierre Papon, des Villattes, qui a donné pour caution François Chaillou, de la Morinière, — pour 6 boisseaux 1/2 de seigle ;

6° Deux charruyes de terre labourable au fief des Bloires — adjugé à Mathurin Martin, tuillier, de la Bloire, qui a donné pour caution Pierre Dupont, de la Poctière — pour 4 boisseaux 1/4 de seigle.

7° Une charruye de terre labourable au fief de Lerceau et une autre au fief Malécot — adjugé à Jean Logeois, laboureur, demeurant au village de la Noue, près ce bourg, qui a donné pour caution Nicolas Tableau, du même village — pour un boisseau 3/4 de seigle ;

8° Trois quarts de charruye de terre labourable au fief des Morandières, en Sallertaine, — adjugé à Estienne Coutanceau, journalier, du petit Bel-Air, qui a donné pour caution Louis Rousse, boucher, au bourg de Challans pour 9 livres ;

9° Une pièce de terre labourable appelée les Aigeouiliais près les Reslières — adjugé à Pierre Tableau, laboureur, demeurant au Chambourg, qui a donné pour caution Nicolas Tableau, son frère, laboureur, demeurant à la Noue — pour un boisseau de seigle ;

10° Trois charuyes de terre labourable au fief de Challans, avec une autre au fief des Echardières — adjugé à Louis Menuet, journalier, à la Marchaiziére, qui a donné pour caution Jean Menuet, son frère, aussi journalier, demeurant au même village, pour 5 boisseaux 1/4 de seigle.

(C'est tout ce que l'église possède en fait de terres à cette époque, les deux charuyes de terre labourable au fief des Dablières, ont été arrentées à Pierre Morisseau, meunier, 21 livres par an, par acte d'assemblée du 8 janvier 1775. — Les deux boisselées de terre labourable en deux pièces, proche la rive de Soullans, dans le tènement des Longeais, en fief des Grimaudières et des Tardières, ont été arrentées à François Raimbaud de Soullans, pour 6 livres, 15 sols, le 12 mars 1775). L'ensemble du présent bail s'élève à la somme de 33 livres 15 sous en argent, et au nombre de 37 boisseaux de seigle ;

Fait, clos et arrêté le 12 mars 1775.

Signé : PETITEAU et FILLON, notaires.

CXXVII. — 1775.

Arrentement d'un journal de terre et d'un morceau de pré. au fief des Dablières, à Pierre Morisseau, meunier.

Aujourd'huy, dimanche, 8 janvier 1775, sur l'heure de midy, pardevant les nottaires de la baronnie de Commequiers et Challans, soussignés, étant sous le Bollet et au devant la porte et principalle entrée de l'églize... à l'issue de la grande messe dite par M⁰ François-Louis Laurent de la Davière bachelier en Sorbonne, premier vicaire de cette paroisse... a comparu M̲e̲ Pierre Vlaud... fabriqueur en charge, lequel a dit qu'il appartient à ladite églize un journal de terre en friche, tenant vers le septentrion au chemin qui conduit de ce lieu au Chambourg et à Coudrie, vers l'orient à un pré de M. le baron de Lézardière, des autres côtes à la métoyrie de la Noue — et un petit morceau de pré, proche ladite terre, tenant les terres de la Cailletière et de la Noue, lesdits domaines situés en fief des Dablières, en cette paroisse et sujets à certains droits au seigneur dudit fief ; ledit Vlaud affirme en outre que depuis 10 ans il a été impossible d'affermer lesdites terres pour un prix avantageux, en sorte qu'elles sont comme abandonnées et propose de les arrenter au profit de celui qui à l'adjudication fera la condition meilleure ; ont en outre comparu M⁰ François Torteveau curé, M⁰ Jacques Joubert, notaire et procureur fiscal, Louis Daniau M⁰ chirurgien, Bertrand Coursaud bourgeois, André Basty sergent royal et sindic, Jacques Musset, sergent René Laidet horloger, André Moi-

seau, maréchal élève vétérinaire, François Le Tenneur de la Blanchardière,
apotiquaire, Antoine Renou, François et Pierre Laidet maréchaux ferrants,
Pierre Gabet et Pierre Guibert menuisiers, Mathurin Velot et Pierre Pinson,
charpentiers, Pierre Amérand, sergetier, Jacques Cavoleau, poëlier, Nicolas
Petit, corroyeur, Jean Dehon et Pierre Bourgeteau, cordonniers, Mathurin
Daniau, marchand, Pierre Laidet, François Dugué et Pierre Redois, tailleurs
d'habits, Pierre Goupilleau serrurier, René-Joseph Lory et Louis Daniau
scelliers, François Bouglé perruquier, Frédéric Tulièvre et Jacques Moreau,
boulangers, Pierre Daniau aubergiste, Thomas Oria, tonnelier, Pierre
Nollet, tourneur et chaisier, Joseph Maillet, sabotier, Pierre Rabreau, arquè-
busier, Julien Arnaud, vitrier, Etienne Barreteau et Joseph Morisseau,
meuniers, Joseph Rigollage masson, François Pontoizeau, tuillier, Jacques
et René Gautier, Nicolas Tableau, Pierre Taillé, l'alné, Pierre Gaborit, Jean
Morisseau, Jean Perochau, Mathurin Bouhier, Jacques Tableau, Pierre
Chauvet, Guillaume Gillet, René Blais, tous laboureurs, André Gauvrit,
marchand, Pierre Morisseau, meunier, François Gaudin charpentier, René
Dufief, Jacques Traineau, André Girandet, Jacques Guilbaud, Pierre Grousset,
Louis Abillard, Pierre Manguy, Jean Nicolleau, et Jacques Ertus, tous jour-
nailler et autres...... qui ont été d'avis de mettre aux enchères les susdites
terres et Pierre Pinson, l'un des sacristains a fait les criées à haute et intelligible voix ; elles ont été adjugées à Pierre Morisseau, meunier demeurant
au bourg, pour la rente annuelle et perpétuelle de cinq boisseaux de seigle,
bon, net loyal et marchand, mesure de Commequiers, ou de la somme de
vingt-une livres en argent, au choix des habitans, qui ont préféré la dite
somme de 21 livres ; en conséquence, le dit Morisseau payera la dite rente
en argent à chaque feste de Saint-Michel et il a présenté pour caution
François Gaudin, charpentier, son gendre, demeurant au dit bourg.

Fait et passé, clos et arresté, sous le ballet les dits jour et an que dessus.

Signé : Draon et Fillon, notaires.

CXXVIII. — 1778.

L'ancien banc de la famille Buor est arrenté à Pierre
Daniau, aubergiste, pour 9 livres par an.

Aujourd'huy, dimanche, 22 mars 1778, par devant les notaires.... audevant de la principalle entrée de l'églize, à l'issue de la grande messe célébrée
par Me Tortereau, curé, furent présents, le sieur curé, Me Louis-Prosper
Macé de la Joubretière, fabriqueur en charge Me Louis Macé, chevalier, sgr

de la Barbelais, noble homme Jean-Baptiste Vigneron, sieur de la Guillotière,
Mathurin Simonneau, sergent, François Averty, vitrier, Pierre Bourgetteau,
cordonnier, René Dugué, vitrier, Valentin, Guillon, maréchal-taillandier,
Jean Guillon, laboureur, Pierre Fort, laboureur, Pierre Massonneau, laboureur Julien et François Pontoizeau, tuilliers, Pierre Bouhier, laboureur;....
et autres, les quels ayant considéré que dans la nef de l'église, entre le premier pillier où estait adossé l'autel de Saint-Michel qui a esté démoli depuis
peu et le banc conceddé à Mlle Margueritte Viaud, il y a un emplacement
vide qui appartenait cy devant à la famille Buor, de neuf pieds de longueur
sur sept de large, dans lequel on peut placer trois bancs ; lequel a été
adjugé à Pierre Daniau aubergiste pour la rente annuelle de 9 livres, à la
charge par lui de le faire clore et renfermer. Fait et passé sous le ballet de
la dite églize les dits jour et an que dessus.

Signé : VERGER et DEGOUNOR, notaires.

CXXIX. — 1780.

Vol dans l'église.

Aujourd'huy, dimanche, 13 février 1780, à l'issue de la grande messe,
nous soussigné curé, sindic et habitans de la paroisse de Challans, assemblé
au son de la cloche, sous le Ballet, par convocation verbale du dit sieur
curé de dimanche dernier au prosne paroissial 1o délibérant sur ce que M.
Rouaud, sr des Raillères, finit son année d'exercice de fabriqueur le jour de
la chandeleur prochaine 1781, unanimement avons donné pour son successeur
comptable pour un an seullement à commencer le jour de la dite feste, Jean
Véronneau, laboureur, et fermier de la métairie de la Gobetière, le trouvant
capable de la ditte charge ; 2° Donnons pouvoir à M. Rouaud, fabriqueur
actuel, de faire les achats convenables à Nantes, à crédit d'un an des
gallons et franges, d'or et d'argent, et de les faire placer aux meilleurs
ornements et au grand day, et des gallons faux autres moins bons ornements
de cette églize, les tous au lieu et place de ceux qui ont étez malheureusement découzu des mêmes ornements et day volles et emportés de la sacristie
de la dite églize, la nuit du deux ou trois janvier dernier, en laquelle sacristie ils étaient dans leurs tiroirs ordinaires, nom fermés à clef depuis
bien des années, quoiqu'ils aient chacun leur service et sur ce que leurs clefs
se trouvent perdus depuis bien longtemps, le dit fabriqueur en fera faire de
nouvelles, comme aussy il achètera trois nappes convenables pour porter
les corps en cette églize et de suitte en leurs fosses au cimetière de ce lieu.
Pour l'exécution des quels pouvoirs, il en retirera des quittances qui luy

seront passées en décharge, lors de la redition de son compte. Arresté en la ditte assemblée, les dits jour et an que dessus.

Signé : TORTEREAU, curé, COURSAUD, vicaire, ROUAUD des Raillières, VIAUD, notaire, ARNAUD sindic, IMBERT de la Terrière, gendarme de la garde.

Controllé à Challans, le 2 avril 1780 reçu 14 sous.

Signé : *FILLON.*

CXXX. — 1780.

Pouvoir au fabriqueur d'arrenter la maison du légat, size au bourg de Challans.

Aujourd'huy, 23 juillet 1780, sur les 3 heures après midy ou environ, issue des vespres, nous soussignés curé Marguilliers, sindic et habitants de Challans étant au banc d'œuvre en l'églize assemblés au son de la cloche, laquelle convocation a été indiquée à la messe paroissialle du 9 de ce mois, et reitérée cejourd'huy par M. Jean-Baptiste de Hercé, prestre chanoine et archidiacre d'Aizenaiz, en l'église de Luçon vicaire général et official au dit Luçon, actuellement dans son cours de visite, à laquelle assemblée a été présent le dit J. B. de Hercé. Nous dits habitants, sur la proposition de messire Claude-Pierre Rouauld, chevalier, seigneur des Raillières, fabriqueur en exercice, d'arrenter la maison du légat actuellement occupée par le succésseur Jean-Baptiste Vigneron, de la Guilloilère dont le bail expire à la Saint-Michel 1787, ou de continuer de la donner à titre de ferme, exposant le dit fabriqueur que cette maison est en dégradation, qu'elle a besoin de réparations, avons unanimement arresté, en présence du dit vicaire général, commissaire nommé, qu'il serait beaucoup plus avantageux à notre fabrique que la maison fut arrentée, attendu que nous reconnaissons tous que la dite maison a besoin de réparations, que la dite fabrique n'a pas de sous suffisants pour les faire faire, que d'ailleurs on retirera d'un arrentement un prix au moins égal, et peut-être même plus considérable que celui d'un bail à louage, et que la dite fabrique sera déchargée de toutes réparations, tant présentes qu'à venir, ce qui sera très profitable, toutes actions pourtant réservées contre le locataire actuel : En conséquence avons d'un commun accord, donné au dit Rouaud, fabriqueur ou à celuy qui lui succèdera plain et entier pouvoir et l'avons autorisé et autorisons à faire arrentement de la dite maison du Légast située en ce bourg, ayant pour toutes dépendances un jardin seulement, aux conditions suivantes :

1° De faire l'arrentement dans les formes et règles ordinaires, qui ne commencera qu'à l'expiration du bail du sieur Vigneron :

2° Que le preneur donnera bonne et suffisante hipotèque pour la solvabilité de la rente et qu'il entretiendra la maison en bon estat de supporter la dite rente;

3° Qu'il sera tenu de rembourser le dit fabriqueur de tous ses faux frais et qu'il devra faire homologuer le dit arrentement dans le délai d'un an;

4° Que dans le délai d'un an, il sera obligé de faire les réparations nécessaires à la dite maison, sans préjudice pour les dits habitants des actions qu'ils pourroient avoir contre le sieur Vigneron de la Guillotière, tout comme représentant le sieur de la Chauvetrie, son oncle, auquel avait été précédemment arrenté, cette maison et dont le bail à rente, à défaut de formalité, a été déclaré nul et résilié, que comme locataire actuel, se réservant de les exercer s'ils les croient fondés, ou de les cedder à tous autres que bon leur semblera.

Fait et arresté à la dite assemblée, les jours et an que dessus.

Signé : DE HERCÉ, vicaire général, TORTEREAU, curé, ROUAUD DES RAILLIÈRES, BADEREAU DE SOULLANS, IMBERT DE LA TERRIÈRE, MACÉ DE LA JOUDRETIÈRE.

Controllé à Challans, le 25 juillet 1780.

Reçu 14 sous.   Signé : FILLON.

CXXXI. — 1781

Extrait du registre des délibérations paroissiales, cotté et paraphé par Jean-Aimé-Augustin Rouvière, de la Guibertière, avocat sénéchal et seul juge ordinaire, civil et criminel et de police, de la baronnie de Commequiers lez Challans. En notre hôtel à Challans, le 25 janvier 1781.

Aujourd'huy, 2 décembre 1781; dans l'assemblée à la grande porte de l'église, nous soussignés, curé, fabriqueur et habitans de Challans, ayant délibéré sur les moyens de rafraichir et renouveller l'air dans cette église pendant les chaleurs d'été, pour la commodité et santé des paroissiens, nous avons pensé qu'il n'y en avait point de plus efficaces et de moins dispendieux que de faire ouvrir les vitres des deux croisées qui se trouvent l'une à la chapelle de Saint-Jean, l'autre à la chapelle du Rozaire, de manière qu'on puisse les ouvrir et fermer à vollonté, selon le temps et les circonstances, de même aussi pour une autre croisée au milieu de l'église et dans l'endroit où il en résultera un plus grand avantage, avons alloué au fabriqueur en charge l'argent nécessaire.

Signé : TORTEREAU, curé, ROUVIÈRE, sénéchal, LE CHEVALIER DE BESSAY, LE CHEVALIER DE LA BARBLAYS.

Dans l'assemblée du 25 février 1783, il a été représenté de la part de messieurs les vicaires de cette paroisse que la pension que leur fait la fabrique n'était que 120 livres ; qu'elle était trop modique eu égard au tems actuel et qu'ils priaient de la leur augmenter; ce qu'ayant mis en délibération, d'un consentement unanime, nous leur avons accoidé à chacun une pension de 200 livres, qui leur sera payée à l'avenir par le fabriqueur en charge par chacun an et par quartier, s'ils le jugent à piopos.

Signé TORTEREAU, curé, ROUVIÈRE, sénéchal.

CXXXII. — 1738-1784

Marché d'une nouvelle horloge.

Dans l'assemblée du 22 décembre 1783, ayant considéré que l'orloge de cette églize est uzée par vétusté et hors d'état de pouvoir servir à l'avenir, ne sonnant plus depuis quelque tems, la matière mise en délibération, nous soussignés avons unanimement décidé qu'il était indispensable d'en faire faire une neuve et à cet effet avons proposé au sieur François Laydet, horloger, de la faire, et ayant entré là-dessus en marché, nous sommes avec lui demeuré d'accord et fait les conventions suivantes, sur les proportions et dimention de la dite orloge, sçavoir est que la cage aura deux pieds et demi de longueur et formera un cercle de deux pouces de hauteur et quatre lignes et demie d'épaisseur, les trous qui supporteront les roues seront garnis en cuivre, les six roues seront aussi de cuivre ; les deux grandes roues auront un pied, seize lignes de diamettre, sur quatre lignes d'épaisseur, les deux secondes roues seront de dix pouces et huit lignes de diamettre sur trois lignes d'épaisseur ; les deux autres roues seront d'égale épaisseur à ces deux dernières ; de plus le dit Laydet détournera les poids du dit orloge pour tomber sur le plancher et par là éviter les accidents qui pourraient arriver en continuant les faire tomber dans l'église et s'oblige le dit Laydet de garentir son ouvrage l'espace de 5 ans, à compter du jour qu'il sera placé, hors les chutes et fractures, à tout quoi le dit sieur Laidet s'est obligé, pour et moyennant la somme de cinq cents livres, dont moitié dans les six mois de la dite époque ; et est convenu en outre que le dit Laidet aura l'ancienne orloge et qu'il entretiendra la nouvelle, comme auparavant pour la somme annuelle de vingt-quatre livres ; avons aussi autorisé par Me Louis Daniau, fabriqueur, l'achat de 200 livres de linge pour le service de l'église ; et par M. le curé l'achat d'une chape noire de 300 livres dont on a besoin.

Signé : TORTEREAU, curé, ROUVIÈRE, sénéchal, VIAUD, notaire, DANIAU, CAVOLEAU, LAIDET.....

Vu bon par nous contrôleur et receveur de domaines du Roy, à Challans, le 20 décembre 1783.

Dans l'assemblée du 8 février 1784, le sieur Viaud trésorier des pauvres et administrateur des biens de la charité a été autorisé à faire réparer deux maisons dépendant de la dite charité ; celle qui est occupée par le sieur Trichet de Villeneuve, et celle qu'habite Pierre Amérand, sacristain — et de mettre aux enchères 4 pieds d'arbres testards situés sur une pièce de terre près le Landa et dépendant de la charité.

Signé : TORTREAU, curé, ROUVIÈRE sénéchal, VIAUD, GOUPPILIAU, TRICHET, AMÉRAND, DANIAU, MORNET, RABREAU....

<h2 style="text-align:center">CXXXIII. — 1784-1785.</h2>

<h3 style="text-align:center">Une difficulté de la fabrique avec l'administration
des domaines.</h3>

Aujourd'huy 22 février 1784, devant l'assemblée il nous a été exposé par le sieur Alexis Mornet fabriqueur en charge, qu'il lui a été remis un procès-verbal de M. Sauvage controlleur des actes au bureau de ce lieu en date du 30 décembre, à l'occasion d'un petit pré appelé les Brethelières et d'une pièce de terre appellée le Puits-Jacob, dépendant de cette fabrique, qui avaient anciennement été arrenté, mais l'arrentement ayant été déclaré nul par sentence du juge de ce lieu, lequel procès sous prétexte qu'il ne paraît aucun acte pardevant notaires de ferme de ces mêmes objets, attendu que jusqu'à ce moment on a pu trouver personne qui ait voulu les prendre à ferme, malgré toutes les diligences prises à cet égard, nous avons prié M. Badreau seigneur de Soullans, de poursuivre cette affaire à nos frais et au mieux de nos intérêts.

Pièces officielles. Administration des domaines. Poitiers. —
Centième denier

Mémoire : M. l'Evêque de Luçon a adressé à Mgr une lettre du 19 juin 1785, par laquelle sans entrer dans les détails capables de donner à connaitre l'affaire, qui en est l'objet, il demande que la fabrique de Challans soit traitée favorablement et qu'on lui épargne toute sorte de frais.

Observations : Les administrations des domaines pensent que le motif de la lettre de Monseigneur l'Evêque de Luçon est un procès-verbal rapporté par le controlleur de Challans contre les fabriqueurs du dit lieu, pour avoir fait acte de propriété en affermant trois domaines, dans lesquels la fabrique est rentrée sans au préalable avoir fait insinuer les actes particuliers qui ont dû précéder les sentences par deffaut, q ui prononcent le renvoi eu possession, vu les dittes sentences ;

L'administration, informée de ce procès-verbal, a écrit, le 23 novembre 1784, d'y donner suitte attendu que le droit de centième denier était acquis, à cause de la rentrée en possession de domaines dont il s'agist et qu'il aurait dû être payé dans les trois mois de cette rentrée en possession, à peine de double droit.

Indépendamment de ce double droit les fabriciens de Challans ont encouru les amendes prononcées par les réglements pour avoir agi en vertu de ces sentences de rentrée en possession sans que lesdittes sentences aient été insinuées.

La demande de M. l'évêque de Luçon paraît donc avoir pour objet d'obtenir la remise du double droit de centième denier et celle des amendes encourues à cet égard. Les administrateurs des domaines ne peuvent que s'en rapporter à ce qu'il plaira à Monseigneur d'ordonner, mais en ce qui concerne le droit de centième denier en principal et 10 sols par livre, rien ne peut dispenser la fabrique de Challans de l'acquitter.

Décision : la fabrique de Challans demeurera dispensée par grâce et sans tirer à conséquence du droit en sus et des amendes encourues, à la charge par elle d'acquitter, dans un mois pour tout délai, le simple droit de centième denier dont il s'agit tant en principal que sous pour livre, le 9 juillet 1785.

Pour ampliation, signé : BERGON.

Pour copie, signé : BOURGOUIN.

Pour copie de l'ampliation, signé ; DE SULLY.

Pour copie : SAUVAGE.

Aujourd'huy dimanche 7 août 1785, dans l'assemblée, il nous a été représenté par le sieur Pierre Rabreau, fabriqueur en charge, une décision du Comté, en date du 9 juillet dernier, qui lui a été remise de la part de M. Sauvage, receveur des domaines du roy au bureau de ce lieu, par laquelle la fabrique est condamnée à payer le centième denier des objets dont on a prétendu qu'elle était rentrée en possession en vertu de sentences du juge de ce lieu, fautte d'avoir fait insinuer les dites sentences, l'objet mis en délibération et ayant examiné que quoiqu'il paraisse que la fabrique aurait eu de bons moyens à fournir contre la décision susdite, mais considérant d'un autre côté l'incertitude de réussir et les suites fâcheuses qu'une affaire de ce genre pourrait occasionner si ladite fabrique succombait, d'ailleurs dans le cas de réussite, les faux frais considérables qui tomberaient à sa charge, toutes ces raisons nous font regarder qu'il est plus intéressant de

payer le simple droit de ce centième denier demandé avec les dix sous pour
livre, que d'entreprendre un procès incertain. En conséquence, nous donnons par ces présentes pouvoir audit sieur Rabreau de payer entre les mains
de M. Sauvage.

Signé : TORTEREAU, curé, BADEREAU DE SOULLANS.

CXXXIV. — 1785.

Arrentement de la maison du légat

Aujourd'hui, dimanche 29 mai 1785, nous soussignés, assemblés au banc
d'œuvre, à l'issue des vespres, a comparu Mᵉ Esprit Benjamin de Bessay,
chevalier, seigneur de Bessay, demeurant en ce bourg tant en son nom que
comme mary de dame Charlotte Lingier de Saint-Sulpice, lequel nous a présenté deux pièces, la première une grosse en parchemin de l'acte de ratification du bail à recette de la maison du légat, par lequel il s'est rendu adju-
dicataire dudit bail moyennant la somme de 195 livres de rente foncière, en .
date du 28 de ce mois ; et la seconde pièce est un vidimus de l'arrest d'o-
mologation dudit bail, rendu en parlement de Paris, le 12 juillet 1781 —
lesquelles ont été mises au trésor de l'église.

Signé : TORTEREAU, curé, BADEREAU DE SOULLANS, le chevalier de BESSAY,
RABREAU, VIAUD...

CXXXV. — 1787.

Adjudication de plusieurs emplacements de bancs.

Aujourd'huy, 1ᵉʳ juillet 1787, devant l'assemblée tenant au banc d'œuvre
en cette église de Challans, ont comparu René-Joseph Lory, scellier et René
Penisson, meunier, fabriqueur, en charge, lesquels ont dit avoir fait annoncer
plusieurs emplacements dans cette église, pour être mis aux enchères sçavoir.

1° De ces trois emplacements dans la nef du Rosaire devant l'autel de
sainte Anne, à prendre depuis la balustrade dudit autel jusqu'au banc de la
veuve Renaudineau, chacun de 4 pieds de longueur sur 3 de large, le premier a été adjugé à Hippolyte Guillon, perruquier pour 8 livres par an ; le
2ᵉ à Alexis Luças marchand, pour même prix, par lesquels emplacements.
les héritiers Viaud auront libre passage pour aller à leur banc ; et le 3ᵉ ayant
appartenu aux héritiers de Vital Lagardère, à Jean Barillon, fils, marchand,
pour la somme de 6 livres 10 sous ;

Plus dans la grande nef, deux emplacements à prendre depuis le banc de demoiselle Marguerite Viaud, jusqu'à celui des héritiers de Jacques Musset, la 1re de 4 pieds 4 pouces de longueur et de six pieds de large et le dernier touchant le banc Musset est de 7 pieds de longueur et de 3 pieds de large. Le 1er a été adjugé au s^r Le Tenneur, chirurgien, pour 14 livres par an, et celui-ci déclare en retour abandonner au profit de l'église l'emplacement dont il jouit déjà dans la chapelle du Rosaire : et le 2e a été adjugé au s^r Gaspard François-Victor Guyet, chirurgien, pour 15 livres par an, dans lequel y a 2 bancs de places, l'un apartenant à Me Henri Degounor, notaire, qui en fait l'abandon au profit de l'église, moyennant quoi nous lui permettons de faire allonger de deux pieds celui dont il jouit proche la grande porte de l'église, parce qu'aussy il le fera diminuer d'un demi pied sur la largeur et qu'au lieu de 5 livres qu'il payait auparavant, il en payera maintenant 6 par an ; l'autre banc appartient aux héritiers de Madeleine Marchais, morte depuis longues années.

Plus un emplacement de 6 pieds de long sur 3 de large, à prendre entre le banc des héritiers Marc de la Barbelays et celui de Me Jacques Joubert procureur fiscal, qui a été adjugé à Victor Guillon, maréchal et à Alexis Luças marchand, pour 10 livres par an.

Plus un emplacement derrière les fonts baptismaux, dans lequel il y a un banc de placé appartenant à Catherine Boisard, veuve Alexis Mornet, qui a été adjugé à la dite veuve, pour 11 livres, 5 sols ;

Et enfin dans la chapelle du Rosaire l'emplacement cy-dessus abandonn par le sieur Letenneur, qui a été adjugé à Gabriel Daniau, perruquier, pour 10 livres par an.

Les adjudications cy-dessus sont faites pour être valables seulement dur an la vie des possesseurs et non à perpétuité.

Fait et arresté dans la dite assemblée les dits jours et an que dessus.

Signé : Toatereau, curé, Coursaud, sindic, Rabreau, Chaillou, anciens fabriqueurs, Degounor, Guyer, Daniau, Barilon, Luças, Guillon, le Tenneur, Penisson, René-Joseph Lory.

APPENDICE

1655

Arrentement d'une charruye de terre dépendant de la cure de Challans et size au fief de la Croix, par delà le Petit-Broïl.

Sçachent tous présents et avenir que pardevant nous notayres soubsignés a esté présent et personnellement establi en droict, discrette personne messire Morice Jay, prestre, cure de la cure de Nostre-Dame de Challans. y demeurant à présent, lequel, au dit nom, de son bon gré et absoluc volonté et parcequ'ainsy luy a plu, voullant et désirant augmenter le revenu de la ditte cure de Challans, a baille, cedde, délaisse, transporté et arrente à jamais perpétuellement tant pour luy que pour ses successeurs curés du dit lieu de Challans à messire Louis Guibert, prestre, lemeurant au village de la Garinière, paroisse de Sallertaine, à ce présent, stipullant et acceptant, tant pour luy que pour les siens à perpétuité, sçavoir les quelques scillons de terre à présent en friche et qui est plantée en épines, size et située dans la ditte paroisse de Challans et près le village de la Caillonnière, en fief de la Croix, tenant d'un bout au chemin qui conduit du gué de Haute-Perche au Porteau.... plus une autre pièce, tenant à la terre du dit Guibert, prestre, et size au fief du seigneur de la Voyrie, sujette à la sixte partie des fruitz croissants par labour et au parsus franche et quitte de cens pour et moyennant le prix et nombre de cinq boisseaux de froment, mezure de commequiers, que le dit Guibert s'engage à payer de rente annuelle et perpétuelle... Quant à ce, fait et passé en bourg de Challans, le 16e jour de juin 1655.

Signé : Morner, notaire.

1787

Arrêts du Parlement relatifs aux fabriques.

Aujourd'huy, dimanche 25e jour du mois de mars, nous curés, Marguilliers, sindic et principaux habittans de cette paroisse de Challans, soussignés, étant tous assemblés au banc d'œuvre de cette église, au son de la cloche, à la manière accoutumée, issue de graude messe, la présente assemblée convoquée verballement de dimanche dernier au prosne de la grande messe paroissialle, il nous a été représenté par M. Tortereau, curé de cette paroisse, qu'il avait reçu différents arrest de la Cour du pariement concernant l'administration des biens et revenus des fabriques dans les paroisses de ce Poitou, desquels ils nous a fait donner lecture, afin que nous n'en prétendions causes d'ignorance et même requis. Conformément à leurs dispositions, qu'ils soient enregistrés sur ce présent livre et au bas des présentes, pour être par la suitte exécuté dans cette paroisse, suivant leur forme et teneur; nous soussignés et non soussignés (dont les noms vont être dénoncés cy-après) consentons pour y avoir recours où besoin serait, et afin de nous y conformer à l'avenir dans toutes leurs dispositions, pour d'après ce être délibéré ce qu'il appartiendra, ainsy que sera vu appartenir, mais toujours en conformité des dits arrêts qui vont être transcripts ainsy et de la manière qui en suit :

Coppie fidelle des arrêts de la cour du Parlement, portant règlement pour l'administration des biens et revenus des fabriques des paroisses situées dans l'étendue du diocèse de Poitiers. Extrait des registres du Parlement du 1er mai 1786.

Vu par la Cour, la requête présentée par le procureur général du Roy contenant qu'il est informé que dans plupart des paroisses, etc.

La Cour ordonne que dans quinzaine au plus tard, après la notification du présent arrêt, il sera convoqué dans chaque paroisse du diocèse de Poitiers, une assemblée géneralle qui sera composée du curé, des anciens fabriqueurs, si anciens y a, et autres principaux habittans, payant douze livres de taille personnelle, et au-dessus, dans laquelle il sera fait choix de deux habittans de bonne vie et mœurs d'une probité reconnue sachant lire et écrire, dont l'un en qualité de marguillier comptable, pendant la première année, fera la recette des revenus tant fixe que casuels de la fabrique, notamment de ceux affectés à quelque fondation, payera les honoraires des ecclésiastiques pour l'acquit des fondations, acquittera les autres charges de la fabrique et rendra compte de sa gestion, trois mois après sa sortie d'exercice, dans une pareille assemblée géneralle, et l'autre fera les fonctions de second marguillier pendant la première année et celle de marguillier comptable pendant l'année suivante ; ordonne qu'il sera tenu tous les ans, aux mêmes dattes, deux assemblées géneralles, l'une pour l'élection d'un nouveau marguillier, au lieu de celuy qui sortira d'exercice, l'autre trois mois après pour arrêter le compte du dit marguillier sorti d'exercice ; ordonne que faute au dit marguillier de rendre son compte, et par son successeur dans l'exercice de comptable de faire les poursuittes nécessaires, à cet effet il y sera pourvu à la requête de l'officier chargé du ministère public ; ordonne qu'il sera tenu en outre, le premier dimanche de chaque mois, une assemblée particulière, composée du curé, des deux marguilliers en charge et des quatre marguilliers derniers sortis d'exercice, et au défaut de marguilliers, de quatre habittans, qui seront choisis à cet effet dans une assemblée généralle ; ordonne que dans, les dites assemblées particulières seront faites les adjudications des baux, des héritages et autres biens appartenant aux fabriques et des réparations qui se• ront à leur charge et qu'il y sera délibéré tant de poursuittes qu'il conviendra de faire pour le recouvrement des revenus ordinaires et pour contraindre les débiteurs des rentes à passer titre Nouvel, que des dépenses extra-ordinaires des fabriques qui n'excéderont pas la somme de trente livres ; ordonne qu'il ne sera fait aucune dépense extraordinaire au-dessus de la dite somme, intenté aucun procès, fait aucun emprunt, ni aucun emploi de deniers de la fabrique, sans une délibération de l'assem-blée généralle, laquelle sera convoquée touttes les fois quelle sera jugée nécessaire par l'assemblée particulière ; ordonne que toutes les délibéra-tions qui seront prises dans les dites assemblées seront inscrites de suite et sans aucun blanc sur un registre qui sera tenu à cet effet, dont les feuillets seront cotés et paraphés sans frais, par le juge du lieu, et que tous ceux qui auront assisté à l'assemblée, seront tenus de les signer, sinon qu'elles seront réputées signées de tous ceux qui auront été présens, à moins qu'il n'y ait refus de leur part, auquel cas il sera fait mention ; ordonne qu'il sera fait incessamment, sans frais, par les officiers des justices des lieux, Inven-taire des titres et papiers concernant tant les curés que les fabriques des dites paroisses, à l'effet de quoy tous ceux qui les auraient en leur pocession seront contraints à les rapporter et représenter, savoir des dépositaires par corps, et des ecclésiastiques par saisie de leur temporel ; et tant les titres et papiers qu'inventaires d'iceux déposés dans les coffres des fabriques, lesquels fermeront à trois clefs et serrures différentes, l'une desquelles clefs sera remise au curé, l'autre au marguillier en exercice de comptable et la troisième à l'officier chargé du ministère public, s'il demeure sur le lieu, sinon à un noble habitant choisi à cet effet dans une assemblée générale ; et que les ordonnances qu'il conviendra de rendre pour parvenir à la confection des dits inventaires seront exécutées par provisions, nonobstant les opposi-tions qui pourroient y être formées ; comme aussi qu'il sera fait chaque année récolement des dits inventaires, lors duquel les devoirs, comptes des marguilliers, les pièces justificatives d'iceux et autres nouveaux titres et papiers, seront ajoutés et qu'il ne pourra être tiré aucune pièce dés dits coffres, sans un récépissé de celui qui s'en chargera ; ordonne que les sommes qui seront données à la charge de l'emploi, celles qui proviendront de rem-boursement de rentes et en général celles qui tiendront lieu de fonds aux fa-briques seront deposées dans les dits coffres, même les reliquats de comptes des marguilliers, s'il en est ainsi arrêté par l'assemblée généralle, sinon les dits reliquats remis au marguillier en exercice de comptable, qui s'en chargera en recette, pour être les dittes sommes employées en acquisitions de rentes, de la nature de celles portées par l'article 18 de l'édit du mois d'avril 1749. Enjoint aux officiers des justices des lieux de tenir la main à l'exécution du présent arrêt, lequel sera imprimé, lu dans la première assemblée générale de habittants de chaque paroisse, et inscrit sur les registres des délibérations des fabriques.

Fait en parlement le 1er may 1786.

Collationné : LATTON. Signé : DU FRANC.

Arrêt de la cour de Parlement qui ordonne que l'arrêt rendu le 1er may 1786, portant réglement pour l'administration des biens et revenus des fabriques des paroisses situées dans l'étendue du diocèse de Poitiers, sera exécuté dans toutes les paroisses situées dans l'étendue du ressort de la sénéchaussée de Poitiers, du 5 juillet 1786.

Vu par la cour la requête présentée par le procureur général du Roy à ce qu'il plut à la cour d'ordonner.

La cour ordonne que l'arrêt dont il s'agit sera exécuté dans toutes les paroisses du ressort de la sénéchaussée de Poitiers ; ordonne que le présent arrêt sera imprimé et que des exemplaires tant d'iceluy que de l'arrêt du 1er may 1786, seront envoyées dans les dites paroisses par les soins du substitut du procureur général du Roy en laquelle sénéchaussée de Poitiers.

Fait en Parlement, le 5 juillet 1786.

Collationné : LATTON. Signé : DU FRANC.

Arrêt de la Cour du Parlement, qui ordonne que les arrêts du 1er mai et du 6 juillet 1786 seront exécutés selon leur forme et teneur et que faute par les officiers des justices subalternes de faire les diligences convenables pour l'exécution des dits arrêts, il y sera pourvu par les officiers des sièges royaux, auxquels les dittes justices ressortissent, à la requête des substituts du Procureur général du roy aux dits sièges, aux frais et depens des domaines des dittes justices.

Extrait des registres du Parlement, du 16 décembre 1786.

Vu par la Cour la requête présentée par le Procureur général du roy, contenant, qu'il a été rendu, le 1er mai de la présente année 1786, arrêt portant réglement pour l'administration des fabriques, etc.

La Cour ordonne que les arrêts d'icelle des 1er may et 6 juillet dernier, seront exécutés selon leur forme et teneur, et que faute par les officiers subalternes de faire les diligences convenables pour l'exécution des dits arrêts, il y sera pourvu par les officiers des sièges royaux, auxquels les dittes justices ressortissent, à la requête des substituts du procureur général du roy, aux dits sièges, aux frais et dépens des domaines des dittes justices ; permet aux officiers des dits sièges d'adresser toutes commissions rogatoires qu'il appartiendra pour l'exécution des dits arrêts ; enjoint aux substituts du procureur général du roy aux sénéchaussées de Poitiers, Saumur, Châtellerault, Montmorillon, Civray, Niort et Saint-Maixent, au bailliage de Loudun, et au siège royal de Lusignan, de tenir la main à l'exécution du présent arrêt ; lequel sera imprimé, publié et affiché, tant dans les dittes villes, que dans les autres villes, bourgs et paroisses situées dans l'étendue soit du diocèse de Poitiers, soit du ressort de la sénéchaussée de Poitiers et partout où besoin sera et inscrit tout au long sur les registres des fabriques des dittes paroisses.

Fait en Parlement le 16 décembre 1786.

Nous dits habitants d'après les arrêts de la Cour du Parlement cy-dessus transcripts, avons délibéré et arrêté que pour tenir les assemblées particulières pour le bien et intérêts de cette église, qu'il n'y aura à ces assemblées que M. le curé, les premier et second marguilliers en exercice et les quatre anciens marguilliers qui sont les personnes des sieurs Henry Degounor, notaire de cette cour, Mathurin Daniau, Pierre Rabreau armurier et Jacques Chaillou, marchand, que nous nommons pour tenir les dittes assemblées particulières, sauf à eux à appeller et convoquer le général des dits habitants au cas requis par les arrêts cy-devant transcripts.

Fait, clos et arrêté sous nos seings les dits jour, mois et an que dessus.

Signé : Torterbau, curé, Coursaud, syndic, René-Joseph Lory, Frédéric Tulièvre, Rabreau ansien fabriqueur, P, Prudhomme, Valot, P. Gabet, Louis Prnisson, fils, P. Goupillibau, Cavoleau, Jacques, Morbau, J. Guillonnbau, Morbau, Joubert, procureur fiscal, Degounor, ancien fabriqueur, J. Chaillou, ansien fabriqueur, Mathurin Daniau ansien fabriqueur.

Pour copie conforme :

L. Teillet,
dure d'Antigny.

FIN

www.ingramcontent.com/pod-product-compliance
Ingram Content Group UK Ltd.
Pitfield, Milton Keynes, MK11 3LW, UK
UKHW020203130726
13696UKWH00002B/689